Einsatzunterstützung aus dem Internet

Einsatzunterstützung aus dem Internet

Virtual Operations Support

Christoph Dennenmoser

mit einem Vorwort von
Prof. Hermann Schröder

Dieses Buch soll praktische Hilfen für die Arbeit Digitaler Freiwilliger bieten. Deshalb sind auf alle im Buch genannten Anwendungen und Gruppierungen im letzten Teil Links zu deren Homepages und / oder Social Media Auftritten aufgelistet. Bei der Schnelllebigkeit des Internet und überhaupt, kann der Autor keine Garantie für die Inhalte dieser Seiten bzw. für dort verlinkte Seiten übernehmen.

Ferner sollen in diesem Buch Wissen und Erfahrungen vermittelt werden. Dafür ist eine einfache Lesbarkeit wichtig. Manchmal fällt aus diesem Grunde eine geschlechtsbezogene Schreibweise der Lesbarkeit zum Opfer. Selbstverständlich sind durchweg Menschen beider Geschlechter gemeint, auch wenn manchmal nur die gängige männliche Bezeichnung verwendet wird.

„Krise ist ein produktiver Zustand.
Man muss ihr nur den Beigeschmack der Katastrophe nehmen.“

Max Frisch

Widmung

Gewidmet all den Menschen, die ihr Bestes geben, um sich für
Mitmenschen einzusetzen und diese Welt ein bisschen besser und
lebenswerter zu machen – und meiner tollen Frau, Elli, die genau das
auch noch für mich tut!

Inhaltsverzeichnis

Widmung v

Vom Zwitschern zum Twittern 1

Vorwort - oder wie alles anfing 5

Digitale Einsatzunterstützung ist richtig (und) wichtig! 11

Digitale Freiwillige 17

Ein digitales / virtuelles Team zusammenstellen 23

Kommunikation und Alarmierung 29

Monitoring 35

Mapping 45

Der Umgang mit Fake News 49

Verifizierung 55

Einsatztaktik, Aggregation und Darstellung 61

Gegensteuern 65

Hilfe, die Spontanhelfer! 69

Bevölkerungsinformation 75

Trolle - Füttern verboten! 81

Eigenschutz beachten! 87

Die Illusion der Wirkung Sozialer Netzwerke 91

Ratschläge vom Profi 95

Blick über den Tellerrand: Internationale Zusammenarbeit 99

DANKE! 103

Formulare und Checklisten 107

Abkürzungen und Fachbegriffe 110

Links und Literatur 112

Vom Zwitschern zum Twittern

Vorwort von Professor Hermann Schröder

Kommunikation ist ein fester Bestandteil menschlicher Entwicklung. In über rund 70.000 Jahren entwickelten die Menschen aus den ehemals reinen Warnsignalen der Tiere - wie dem Gezwitscher der Vögel - die Sprache. Diese Entwicklung ist die Voraussetzung, dass Menschen in größeren Gemeinschaften zusammenleben können. Sprache dient nämlich dem Austausch von Informationen über andere Menschen, ohne dass man diese persönlich kennen muss. Ohne diesen Kommunikationsweg wären Menschen nicht in der Lage größere Gemeinschaften, ja Staaten, zu bilden. Yuval Noah Harari spricht in seinem Buch „Eine kurze Geschichte der Menschheit" vom Austausch von „Klatsch und Tratsch". Als weitere Schritte in der Entwicklung von Kommunikation folgten Schrift und Buchdruck. Informationen konnten nun beliebig oft und rund um den Globus verbreitet werden. Regeln und Gesetze konnten überall bekannt gemacht werden. Nicht umsonst war die Bibel das erste gedruckte Werk.

Den nächsten großen Wandel in der Kommunikation bescherte uns die Elektrotechnik. Die Telegrafie mit dem Morsealphabet und die ersten Telefaxgeräte ließen eine zuvor ungeahnt schnelle und grenzenlose Kommunikation Realität werden. Die erste dpa-Blitz-Meldung verbreitete sich am 4. Juli 1954 über die Elektroleitungen: „sonderdienst+achtung+deutschland fußballweltmeisterschaft durch 3:2-Sieg über ungarn+ende blitz 106 1837". 1966 war der Karlsruher Kybernetikprofessor Karl Steinbuch überzeugt davon - so in seinem Buch „Die informierte Gesellschaft" nachzulesen - dass die Entwicklung der IT-Technologie überall auf der Welt die Wahrheit verbreiten werde und eine Wohltat für die Menschen sei. Schreckliches, wie beispielsweise die Vernichtung von Menschen wie im Dritten Reich, würde nie mehr möglich sein. Zwanzig Jahre später bezeichnete er diese Hoffnung in seinem Buch „Die desinformierte Gesellschaft" als totale Fehleinschätzung; er schreibt: „Der GAU - der größte anzunehmende Unfall - ereignete sich nicht im Reaktor durch Atomkraft, sondern in den Köpfen durch Desinformation." Und damals kannten wir noch kein Facebook oder Twitter. „Alternative Fakten" war ein noch nicht erfundener Begriff und postende oder twitternde Staatschefs waren unvorstellbar. Social Media hat uns erreicht. Das Zwitschern der gefiederten Vögel ist nun zu einem Twittern vieler seltsamer Vögel geworden.

Und wie so oft jede Entwicklung eine Zweigesichtigkeit in sich verkörpert, so hat auch die IT-Technologie ihre gute und ihre schlechte Seite. Als Positivum beschert sie uns einen schnelleren und zuverlässigeren Informationsgewinn; als Negativum lässt sie sich aber leicht zur Störung des Gefahrenabwehrmechanismus missbrauchen. Wir müssen uns gegen gezielte Falschmeldungen ebenso wappnen wie uns vor einer gezielten Mobilisierung von Menschenmengen mit dem Ziel einer negativen Beeinflussung des Einsatzablaufs schützen.

Mit den VIRTUAL OPERATIONS SUPPORT TEAMS - den VOSTs - versuchen wir das Positive in der Social Media-Welt zu nutzen und das Negative zu meiden.

Christoph Dennenmoser ist für mich einer der Pioniere bei der Nutzung der Social Media-Welt in der Gefahrenabwehr. Schon seit langem gilt sein Augenmerk diesem neuartigen Einsatzmittel. In dem vorliegenden Werk fasst er seine Erfahrungen und Erkenntnisse verständlich und treffend für uns zusammen. Hierfür gebührt ihm unser aller Dank.

Und Ihnen wünsche ich nun viel Freude beim Lesen.

Professor Hermann Schröder
Abteilungsleiter Bevölkerungsschutz und Krisenmanagement
im Ministerium für Inneres, Digitalisierung und Migration
Baden-Württemberg

Vorwort - oder wie alles anfing

Die Nutzung der Sozialen Netzwerke für die Rotkreuzarbeit begeistern mich seit 2009. Zunächst ging es mir darum, sie für die Öffentlichkeitsarbeit und zur Gewinnung neuer Mitglieder zu nutzen. Ich hatte Spaß daran, auf Facebook "Rotkreuzgeschenke" zu verteilen und Quizze zu entwickeln wie "Wie passt Du zum Roten Kreuz?" und überhaupt, die Rotkreuzarbeit dort attraktiv darzustellen.

Dann ereignete sich am 12.01.2010 in Haiti das sehr schwere Erdbeben mit einer Magnitude von 7, das Teile der Hauptstadt Port-au-Prince zerstörte und, nach offiziellen Angaben, 316.000 Menschen das Leben kostete. Aus aller Welt flogen Hilfsorganisationen nach Haiti um Hilfe zu leisten. Das Fehlen von aktuellen Informationen und Karten bedeutete auch die Geburtsstunde der Digitalen Einsatzunterstützung:

Über Soziale Medien (vor allem Twitter) gepostete Informationen und Hilferufe Eingeschlossener oder Betroffener wurden erfasst und an die Einsatzkräfte vor Ort weitergegeben.
Software, die dringend benötigt wurde, wurde in sogenannten "Hackathons" programmiert. Ein Hackathon ist ein Treffen von Programmierern und Softwarespezialisten, die sich einer Programmieraufgabe stellen. So ein Hackathon wird oft auch in Form eines Wettbewerbs mit Sach- oder Geldpreisen durchgeführt.
Fehlende Straßenkarten des zerstörten Gebiets wurden durch "Crisis Mapper" anhand von Satellitenbildern online erstellt.

In dieser Zeit entdeckte ich auch Twitter und fing an, verschiedenen Tweetern zu folgen, die mir interessant erschienen. Natürlich überwiegend aus dem humanitären Sektor. Eines Nachmittags sehe ich den Tweet eines Leiters einer kleinen privaten irischen Hilfsorganisation, in dem er mitteilt, dass er einen Stromerzeuger übrig habe. Er würde ihn an jemanden abgeben, der ihn brauchen könne. Ein paar Minuten später entdecke ich den traurigen Tweet einer Lungenfachärztin, die in Port-au-Prince eine Tuberkuloseklinik betreibt. Sie berichtet, wie hart es für sie ist, zu entscheiden, welcher Patient keinen Sauerstoff mehr bekommt. Aber ohne Strom kann sie diesen nicht bereitstellen. Ich durfte die beiden zusammenbringen. Zack! So einfach war das! Jetzt war ich richtig angefressen und das Thema ließ mich nicht mehr los!

Ich entdeckte, wie Twitter vor allem in den USA zur Katastrophenkommunikation genutzt wird:

Vor dem Aufziehen von Unwettern oder Waldbränden werden Verhaltenshinweise und Ratschläge gepostet, wie man sich am besten schützt und vorbereitet.
Der Weg der Unwetter bzw. Waldbrände wird verfolgt und gepostet.
Je nach Schadenslage werden Notunterkünfte, Verteilstationen für Lebensmittel, Wärme-/Kältestuben etc. veröffentlicht.
Hat ein Unwetter Schaden angerichtet, oder das Buschfeuer Wohnviertel zerstört, so werden auch hier hilfreiche Ratschläge gegeben.
Hilfegesuche und Hilfsangebote sowie freiwillige Hilfsinitiativen werden über Soziale Netzwerke kommuniziert.
Für die Suche nach vermissten Angehörigen werden Plattformen eingerichtet und gepostet.

Im August 2010 veranstaltete das Amerikanische Rote Kreuz, im Nachklang zu der Digitalen Einsatzunterstützung für Haiti, eine Konferenz mit dem Titel "Emergency Social Data Summit", die sich mit diesem Thema auseinandersetzte. Natürlich muss eine derartige Veranstaltung auch gestreamt werden! Und so saß ich gebannt vor meinem Laptop und verfolgte, was die Redner zu sagen hatten und was in den Podiumsdiskussionen geäußert wurde.

Da erzählte eine Heather Blanchard, wie sie nach dem Erdbeben auf Haiti in den USA im Netzwerk "CrisisCommons" Softwarespezialisten sammelte und half, für die vor Ort tätigen Organisationen Software zu programmieren.

Um Notrufe und Hilfegesuche von Twitter automatisiert auf eine Karte zu bringen, hatte Kate Starbird von der Universität Washington eine Anwendung namens „Tweak the Tweet" entwickelt.

Craig Fugate von der FEMA hob die zeitliche Überlegenheit der Sozialen Medien gegenüber der "Laaaaaangsamkeit von Behörden" hervor und sparte dabei nicht an Selbstkritik.

Chris Thompson, Mitbegründerin des internationalen Netzwerks Humanity Road berichtete über die Arbeit dieses Netzwerks. Zum Beispiel über eine Klinik im Landesinneren von Haiti, die über Twitter gepostet hatte, dass sie aufnahmebereit wäre, aber keine Patienten dorthin kämen. Humanity Road konnte an die US Küstenwache vermitteln, die die Klinik dann per Hubschrauber mit Patienten versorgte.

Sehr beeindruckend waren die Diskussionsbeiträge von Brian Humphrey, Öffentlichkeitsarbeiter und Pressesprecher bei der Feuerwehr Los Angeles. Er präsentierte sich als sehr engagierter Verfechter der Nützlichkeit Sozialer Medien auch in der alltäglichen Einsatzbewältigung. "Wenn wir in unseren Leitstellen nicht nur telefonische Informationen aufnehmen sondern auch bereits gepostete Videos oder Fotos abrufen könnten, könnten wir viel gezielter reagieren!"

Ich war nicht nur beeindruckt sondern total begeistert! Das wollte ich auch für Deutschland!

Inzwischen sind acht Jahre vergangen. Sowohl Humanity Road als auch das Amerikanische Rote Kreuz vermittelten mir einiges an Erfahrung, und das Thema begeistert mich nach wie vor! In der Zwischenzeit konnte die Digitale Einsatzunterstützung auch in Deutschland Fuß fassen. Und ich habe hier seit gut zwei Jahren Mitstreiter, die sich diesem Thema ebenfalls widmen, um auch in Deutschland sogenannte Virtual Operations Support Teams zu realisieren. Das ist schließlich das Wichtigste an Sozialen Medien: Dass sie "sozial" sind. Wie im richtigen Leben auch: Gemeinsam kommt man besser voran!

Um das Vorwort nicht länger werden zu lassen als den Rest des Buches, beende ich es an dieser Stelle. Ich will mit diesem Buch meine Begeisterung an der Digitalen Einsatzunterstützung vermitteln und aus meiner Erfahrung berichten - oder der Erfahrung anderer. Schon jetzt aber sage ich meiner Leserschaft ein von Herzen kommendes DANKE für den Einsatz für die Sicherheit und die Gesundheit ihrer Mitmenschen!

Real und digital. Und, um der zu diesem Thema weit verbreiteten Befürchtung der Überbewertung zuvor zu kommen: Soziale Medien sind nicht alles, aber sie sind inzwischen Alltag und somit auch aus der aktiven Schadensbekämpfung und dem Bevölkerungsschutz nicht mehr wegzudenken. Wie diese Einbindung aussehen kann, ist in den nachfolgenden Kapiteln beschrieben.

Weitere Entwicklungen werde ich in meinem Blog aufgreifen.

Laufenburg, 21.11.2018
Christoph Dennenmoser

Digitale Einsatzunterstützung ist richtig (und) wichtig!

Soziale Medien sind aus unserem Leben schlichtweg nicht mehr wegzudenken. Nur wenige Menschen sind nicht Mitglied in einem der zahlreichen Sozialen Netzwerke. Es ist zur allgemeinen Gewohnheit geworden, vom Arbeitsalltag und Urlaub auf Facebook zu posten, Katzen- und Sonnenuntergangsfotos auf Instagram zu verbreiten oder die Welt durch Tweets an seinen Gedanken und Erlebnissen teilhaben zu lassen. Und genau deshalb kommen die BOS, also die "Behörden und Organisationen mit Sicherheitsaufgaben" gar nicht an der Einbeziehung der Sozialen Medien in ihre Öffentlichkeitsarbeit und ihre Einsatzbewältigung vorbei! Sie sind Teil des normalen Alltags der Bevölkerung und somit auch in Ausnahmesituationen oft das Informations- und Kommunikationsmittel der Wahl.

Nehmen wir als Beispiel eine sich anbahnende Hochwasserlage im fiktiven Landkreis Wiesenmütz. Die Pegel steigen. Selbstverständlich wird diese Lage auch in den Sozialen Netzwerken abgebildet. Auf Facebook werden Livevideos der Wassermassen gepostet, die sich ihren Weg durch Wohngebiete bahnen. Auch auf Youtube gibt es zahlreiche Videos, die Zerstörung, aber auch die Arbeit der Hilfsorganisationen zeigen. Auf Twitter kristallisieren sich erste Hashtags heraus, und auch auf Instagram finden sich Fotos und Videos. Nachfolgend ein paar beispielhafte Posts und Aktivitäten, die in so einer Lage vorkommen. Ich habe sie in Phasen aufgeteilt, um nachher besser darauf eingehen zu können:

Phase 1:

Erste Gebiete sind überflutet. Auf Facebook entstehen die Gruppen "Flut im Kreis Wiesenmütz", "Hochwasser Wiesenmütz 2018" und "Hochwasserinfo WZ". Dort werden auch Hilferufe gepostet:

Rainer Zufall fragt, wo es Sandsäcke zu kaufen oder abzuholen gibt.

Manu Meter berichtet, dass der Strom hie und da ausfällt und sie sich Sorgen macht.

Buck Fisch hat Wasser im Keller und kommt bei der Feuerwehr nicht durch.

Klara Fall postet ein Video vom schnell ansteigenden Wasser in ihrem Wohnviertel.

Peter Silie ist genervt von der Panikmache. "Noch nie hatte der Landkreis eine echte Überschwemmung. Ich warte erst einmal ab. Nervt nicht mit euren Panikmeldungen!"

Phase 2:

Nun werden erste Gebiete geräumt. Unter den Hashtags #WZflut und #HochwasserWZ mehren sich die Hilferufe und Anfragen. Es wird nach Informationen gefragt, nach Unterstützung, nach der Adresse von Notunterkünften.

Rudi Mentär postet in zwei der Facebookgruppen, dass er eine Crowdmap erstellt hat, wo die Menschen überflutete Straßen und nicht befahrbare Verkehrswege eingeben können.

Anna Tolien macht sich für den Fall einer Evakuierungsanordnung Sorgen um den Transport ihrer heimbeatmeten Mutter, die sie zuhause pflegt.

In der Facebookgruppe "Hochwasserinfo WZ" entwickelt sich eine heftige Diskussion über die Sinnhaftigkeit und Rechtmäßigkeit von Evakuierungen.

Phase 3:

Selbstverständlich wird über das Hochwasser im Landkreis Wiesenmütz auch in den „traditionellen" Medien berichtet. Und das Medieninteresse ist riesig! Das weckt die spontane Hilfsbereitschaft zahlreicher Mitbürger. Es melden sich Freiwillige, die helfen wollen. Deshalb entsteht eine neue Facebookgruppe "Hilfe für den Kreis Wiesenmütz". Da werden Hilfsangebote von Einzelpersonen gepostet, aber auch die von Gruppen, wie der C-Jugendmannschaft des FC Kickersheim, die ihr Trainingslager ausfallen lassen wollen um zu helfen. Kickersheim liegt rund 300 km nordöstlich vom Landkreis Wiesenmütz...

In der Gruppe werden auch zahlreiche Sach- und Kleiderspenden angeboten. Es wird diskutiert, ob man die besser im Rathaus oder beim Roten Kreuz abgibt oder ob man eine eigene Initiative dafür gründen soll.

Kai Mauer kritisiert die Einsatzleitung und betont, dass seine Feuerwehrabteilung quasi abfahrbereit stünde. Man müsse sie nur abrufen und in einer Stunde seien sie da! Auch die sich daran anschließende Diskussion bringt ihn nicht ins Wanken. Noch nicht einmal die Frage, wie er die 120 km Anfahrt in einer Stunde zurücklegen will. „Schließlich fährt der neue GW ja 120 km/h!"

Phase 4:

Auf Youtube veröffentlicht Klaas Senkasper ein Video, in dem Helfer beim Einrichten einer Notunterkunft lachen und Witze machen. Er kritisiert das auf Heftigste und findet zahlreiche User, die ihn bestätigen. "Respektlos!" "Sie machen Witze auf unsere Kosten!" "Ich werde sofort meine Fördermitgliedschaft kündigen!"

Auf Twitter und in den Facebookgruppen kursiert das Gerücht, der Damm oberhalb Bad Übungsstadt zeige Risse und drohe zu bersten. Es werden zahlreiche Fotos und Videos gepostet. Viele davon haben mit dem betroffenen Gebiet gar nichts zu tun. Sie zeigen Überschwemmungen und Dammbrüche früherer Zeiten in ganz anderen Regionen.

Soweit ein kleiner Ausschnitt eines Szenarios, das sich so ähnlich jederzeit irgendwo abspielen könnte. Welche Vorteile haben nun die BOS, wenn sie die Sozialen Netzwerke in ihre Einsatzstrategie mit einbeziehen?

Zu Phase 1:

In der Bemühung, ein umfassendes Lagebild zu erhalten, ist es durchaus hilfreich, bereits in diesem Stadium die Posts in den Sozialen Medien zu beobachten. Auf Neudeutsch spricht man hier von "Monitoring". Aber auch umgekehrt kann die Bevölkerung auf diesem Wege informiert werden. In diesem Fall über die aktuelle Lage, die Adressen von Ausgabestellen für Sandsäcke, die Tätigkeiten und ggf aktuellen Schwerpunkte der Aktivitäten der Feuerwehr und des THW. Dafür braucht es natürlich auch Einsatzkräfte, die das sowohl zeitlich als auch fachlich können. Auf dieses Thema wird im nächsten Kapitel eingegangen.

<u>Zu Phase 2:</u>
Auch hier macht es Sinn, die aktuelle Lage und auch die Stimmung in der Bevölkerung aufzunehmen. Durch Monitoring werden ggf. auch Lücken in der Einsatztaktik sichtbar. Bisher sind z.B. heimbeatmete Menschen noch in den wenigsten Katastrophenplänen berücksichtigt, geschweige denn irgendwo erfasst. Im Falle einer Evakuierung reicht u.U. ein Krankenwagen als Transportmittel nicht aus und es braucht einen Rettungswagen. Und eine Massenunterkunft in einer Turnhalle kommt für pflegebedürftige Menschen ebenfalls nicht in Frage.

Wenn man als Stab oder Einsatzleitung die Diskussionen in den Facebookgruppen mitverfolgt, kann auch die Bevölkerungsinformation darauf abgestimmt und in den Gruppen auf die entsprechenden offiziellen Verlautbarungen hingewiesen werden.

Die Crowdmap könnte zur Lageübersicht des S2 bzw. Vb2 (im Führungs- bzw. Verwaltungsstab für die Lagedarstellung verantwortlich) beitragen. Es ist allerdings wichtig, dass sichergestellt ist, dass die dort erscheinenden Informationen überprüft sind. Sonst dienen sie höchstens für eine grobe Lagebeurteilung.

<u>Zu Phase 3:</u>
Jetzt wird es richtig interessant! Spontanhelfer beginnen, sich zu organisieren! Wenn wir im Stab diese nicht im Auge behalten, geht das in dasselbe. Dann stehen auf einmal zig oder gar hunderte motivierte Menschen da, die helfen wollen, aber womöglich nur ihre Motivation mitgebracht haben. Vor allem wenn sie von weiter herkommen, müssen sie untergebracht und verpflegt werden. Und natürlich müssen sie, wenn sie denn eingesetzt werden, auch sinnvoll eingeteilt werden - abgesehen davon, dass Spontanhelfer mit strikten und knapp formulierten Befehlen, wie sie in den Hilfsorganisationen üblich sind, zuweilen auch ihre Schwierigkeiten haben.

Die C-Jugend aus Kickersheim sollte darauf hingewiesen werden, dass für solche Einsätze nur volljährige Hilfskräfte in Frage kommen. Sie können ja evtl. ein Benefizspiel für die Geschädigten des Hochwassers organisieren.

Und natürlich hoffen in solchen Lagen mit hoher Medienpräsenz viele Einsatzkräfte im Umland auf ihren Einsatz. Dafür wurden sie schließlich ausgebildet. Viele können nicht nachvollziehen, warum ausgerechnet sie nicht alarmiert werden. Und diesem Frust machen sie dann auch in Sozialen Netzwerken Luft. Meist regulieren sich solche Diskussionen aber von selbst.

<u>Zu Phase 4:</u>

Mit Kritik und Videos, die entsprechend kritisch bewertet werden, muss man bei derartigen Lagen inzwischen immer rechnen. Gut ist es, wenn man darüber Bescheid weiß. Man kann ggf. darauf reagieren oder einfach nur beobachten. Immerhin geben solche Posts und die Diskussionen darüber auch ein Stimmungsbild ab. Das kann auch für eine Lagebeurteilung sehr hilfreich sein.

Ebenso können gepostete Bilder oder Videos von Schäden das Lagebild im Stab ergänzen. Wichtig ist aber, dass deren Deutung von Fachleuten vorgenommen wird. Gerüchte über mögliche Gefährdungen oder Schäden können bei einem durchgängigen Social Media Monitoring aufgenommen und entsprechend ausgewertet werden.

Soweit unser fiktives aber doch sehr realistisches Szenario einer möglichen Großschadenslage. Aber wie sollen bzw. können Soziale Medien ins Einsatzgeschehen einbezogen werden? Und vor allem: Wer soll sich in so einer Großlage auch noch um die Vorgänge im Internet kümmern? Schließlich bindet so eine Lage enorm Einsatzkräfte!

Darauf soll in den nächsten Kapiteln eingegangen werden.

Fazit:

- "Soziale Medien passieren - ob mit oder ohne Hilfsorganisationen." (Markus Medinger)
- Soziale Medien helfen bei der Bevölkerungsinformation und -kommunikation.
- Soziale Medien helfen bei der Lagebeurteilung.
- Soziale Medien müssen überwacht werden.
- Soziale Medien sind keine Einbahnstraße.

Digitale Freiwillige

Über das internationale Netzwerk Humanity Road, dem ich noch im Herbst 2010 beigetreten war, erreichte uns im Frühjahr 2011 eine Anfrage des Amerikanischen Roten Kreuzes (ARC) nach Unterstützung. Als Rotkreuzler, der von der weltweiten Verbreitung und Vernetzung der Rotkreuz- und Rothalbmondbewegung besonders begeistert ist, habe ich mich natürlich gemeldet. Das ARC hatte kurz zuvor eine neue Abteilung geschaffen, die sich "Social Engagement" nannte. Deren Leiterin, Wendy Harman, hatte bereits die Konferenz im August 2010 organisiert und ihre Abteilung entsprechend ausgerichtet.

Anlass dieser Konferenz und weiterer Überlegungen war das Ergebnis einer Umfrage, die das ARC zuvor in Auftrag gegeben hatte. In dieser Umfrage wurde die Nutzung Sozialer Medien in Großschadenslagen abgefragt, aber auch die Erwartungen, die die User an die Behörden und Hilfsorganisationen haben. Die große Mehrheit der Befragten gab darin an, in Katastrophenfällen auch Soziale Netzwerke zu nutzen. 74 Prozent der Teilnehmer erwarteten gar eine Reaktion der Hilfsorganisationen auf Hilfeersuchen via Sozialer Medien innerhalb einer Stunde! Ähnliche Umfrageergebnisse gibt es inzwischen auch in Deutschland. Da setzen die Befragten nicht ganz so viel Erwartung in die BOS: 67 % gehen zwar davon aus, dass die BOS die Social Media Kanäle überwachen, aber konkrete Hilfe innerhalb einer Stunde erwarten "nur" 47 %. Das ist allerdings immerhin knapp die Hälfte!

In den USA sollte den Umfrageergebnissen nun Rechnung getragen werden: Im Vorfeld des Wirbelsturms Irene war man auf den Gedanken gekommen, mit einem Team die Stimmung in der Bevölkerung zum

ARC, wie sie sich in den Sozialen Medien darstellt, zu ermitteln. Dafür wurden überwiegend Öffentlichkeitsarbeiter aus Untergliederungen gewonnen. Und ich. Wir konnten uns auf einem Onlineformular in Vierstundenschichten eintragen. In diesen vier Stunden werteten wir Tweets und Facebookposts aus, sowie Kommentare, die an die Pinnwände der Facebookseiten von betroffenen Rotkreuzgliederungen und der Nationalen Rotkreuzgesellschaft geschrieben wurden. Nach jeder Schicht wurde ein kurzer Bericht erstellt.

Aus diesem ersten Projekt entstand das Konzept der "Disaster Digital Volunteers". Es wurde ein Online Schulungsprogramm erstellt und in eine Monitoringsoftware investiert, mit der Tweets direkt kategorisiert werden konnten. Die Digital Volunteers hatten aber nicht nur das Monitoring als Auftrag. Es war auch Aufgabe, ggf. auf Posts bzw. auf Kommentare zu Posts des ARC zu antworten. Zur Kommunikation untereinander wurde eine geheime Facebookgruppe gebildet. In diese Gruppe wurden aktuelle Informationen hineingegeben, Fragen beantwortet und diskutiert, aber auch einzelne Kommentare besprochen und so auch der eine oder andere Troll identifiziert. Über Trolle und den Umgang damit wird später zu lesen sein.

Am 07. Mai 2012 ging das ARC einen weiteren Schritt, indem an das vorhandene Lagezentrum des ARC (Disaster Operation Center = DOC) ein „Digitales Lagezentrum" angegliedert wurde. Durch einen Computerhersteller gesponsert, nahm das Digital Disaster Operation Center, kurz DigiDOC, an vier Bildschirmarbeitsplätzen seinen Dienst auf.

Der Wirbelsturm Sandy, der im Oktober 2012 die Ostküste der USA heimsuchte und sehr viel Zerstörung, auch in Teilen New Yorks verursachte, war der erste große Einsatz, sowohl für das DigiDOC als auch für die Digital Volunteers. Über vier Wochen hinweg wurde in Schichten von jeweils wieder vier Stunden Dauer, die Lage im Internet beobachtet, mit Kritikern diskutiert und Hilferufe registriert und weitergegeben. Die beachtliche Bilanz nach vier Wochen Digitalem Einsatz: 31 Freiwillige waren engagiert. Sie werteten über Zwei Millionen Posts und Tweets aus und beantworteten fast 2.400 Posts und Kommentare. Das Wichtigste aber: Aus den Rückmeldungen wurden 229 relevante Posts an die Hilfsteams vor Ort weitergeleitet und 88

Rückmeldungen der Digital Volunteers führten zu Anpassungen in der Einsatztaktik! Ein sehr beachtlicher Einstieg!

Selbstverständlich war dies im Zusammenhang mit der durch Sandy ausgelösten Katastrophe nicht das einzige Zusammenwirken von Sozialen Medien und operativ tätigen Kräften. Das liegt auch daran, dass es in den USA viele kirchliche und private Initiativen und Gruppierungen gibt, die sich in der Katastrophenhilfe engagieren. Auch die "Occupy-Bewegung", die bis dahin eher durch die Besetzung von Banken und Regierungsgebäuden in Erscheinung getreten war, engagierte sich in der Aktion "Occupy Sandy" für die Hilfe Betroffener. Ganz ihrem Image entsprechend, bestand die "Hilfe" auch darin, Hilfsorganisationen und die (staatliche) FEMA in den Sozialen Medien zu kritisieren. Das Wichtigste aber war: Es wurde Hilfe geleistet.
Gemeinsam mit der Spontanhelferorganisation "Third Wave Volunteers" der Journalistin Alison Thompson entsandte auch HumanityRoad Personal und Material um im bis dahin kaum durch Hilfsorganisationen erreichten Gebiet Rockaway Beach technisch und in der Kommunikation und Koordination zu unterstützen.

<u>Auch in Europa</u>

Im Vergleich zu Deutschland, wo Katastrophen- und Wiederaufbauhilfe in irgendeiner Form geregelt ist, wird in den USA vieles der Eigeninitiative der Bevölkerung überlassen. Irgendjemand gründet dann schon eine Hilfsgruppe oder gar -organisation. Dass sich solche Spontaninitiativen auch in Deutschland bilden könnten, hielt ich zu diesem Zeitpunkt für eher unwahrscheinlich. Dann kam der Sommer 2013, der mit starken Regenfällen und zahlreichen Hochwasserlagen u.a. in Österreich, der Schweiz und Deutschland traurige Geschichte schrieb. Das Österreichische Rote Kreuz reagierte sehr schnell und flexibel: Das Team der Öffentlichkeitsarbeit erstellte schon früh eine Hochwassersonderseite auf seiner Homepage und informierte über Facebook und Twitter über die aktuelle Lageentwicklung.

Auch in Deutschland bildeten sich zahlreiche Initiativen der spontanen Hilfe. Zu deren Koordinierung spielten auch die Sozialen Netzwerke eine große Rolle. Mehr zu diesem Thema folgt im Kapitel über die Spontanhelfer.

<u>Digitale Freiwillige</u>

Im Gegensatz zu den Einsatzkräften und Spontanhelfern vor Ort ist der grundsätzliche Vorteil an Digitalen Freiwilligen der, dass diese sich nicht zwangsläufig in der betroffenen Region aufhalten müssen. Im Gegenteil! Gerade wenn die lokalen Ressourcen für die Einsatzbewältigung benötigt werden, kann digitale Unterstützung praktisch von überall herkommen. Im oben geschilderten Beispiel meines Engagements beim ARC war es schon alleine durch die Verschiebung der Zeitzonen ein großer Vorteil, dass ich aus Deutschland mit involviert war. Wichtig ist bei der Digitalen Unterstützung auf jeden Fall die Anbindung an die Einsatzleitung, idealerweise durch eine Verbindungsperson. Diese hat sowohl ein Bild von vor Ort als auch eines aus dem Internet und kann jeweils auf beides reagieren und entsprechende Informationen weiterlenken.

Nicht zu vernachlässigen ist dabei die Kenntnis jeweiliger kultureller oder sprachlicher Besonderheiten. Das ist auch innerhalb Deutschlands der Fall. So besteht zum Beispiel eine Feuerwehrabteilung in Niedersachsen aus mehreren Kreisfeuerwehrbereitschaften während in Baden-Württemberg unter einer Abteilung die Wehr eines Teilorts, die meist nur aus einem oder zwei Fahrzeugen besteht, verstanden wird. Es ist einfach derselbe Begriff für zwei völlig verschiedene Einheiten.

Fazit:

- Freiwilligennetzwerke können nicht nur beim Befüllen von Sandsäcken unterstützen sondern auch vielfältige andere Tätigkeiten übernehmen.
- Digitale Freiwillige können aus völlig anderen Regionen als der Schadensregion agieren.
- Ohne Verbindung in den Einsatzstab oder die Einsatzleitung bringt spontanes Engagement unter Umständen nicht viel und Monitoring ist reiner Eigennutz

Ein digitales / virtuelles Team zusammenstellen

2010 entwickelte Jeff Phillips in New Mexico den Gedanken eines "Virtuellen Unterstützungsteams" für Großschadenslagen. Die gibt es in den USA ja beinahe regelmäßig. Er nannte diese Gruppierung "Virtual Operations Support Team", kurz VOST. Ein erstes VOST wurde anlässlich einer Konferenz der National Emergency Management Association (NEMA) im Herbst desselben Jahres in Virginia gebildet um die Veranstaltung zu unterstützen. Die Idee verbreitete sich und weitere VOSTs entstanden.

Die Grundidee der Digitalen Einsatzunterstützung fand schnell auch über die US-Grenzen hinaus Nachahmer: Am 22. Februar 2011 erschütterte ein starkes Erdbeben die Stadt Christchurch in Neuseeland. 185 Menschen fanden den Tod, 5.900 erlitten Verletzungen. Zahlreiche Gebäude wurden zerstört. Aus der dortigen Universität begannen Studenten, sich zu organisieren um bei den Rettungs- und Aufräumarbeiten zu helfen. Koordiniert wurde auch diese Bewegung durch die Sozialen Medien. Für die digitale Infrastruktur bildete sich das neuseeländische VOST (NZVOST).

Inzwischen gibt es VOSTs auch in Europa. Frankreich und Spanien sind hier Vorreiter. Aktuell kam ein portugiesisches VOST dazu. Die Teams sind je nach Land anders organisiert. Während die Franzosen mit VISOV ein nationales Team betreiben, gibt es in Spanien für jede Provinz je ein VOST. Der selbst gesetzte Auftrag ist jedoch immer derselbe: Die Unterstützung der operativ tätigen Einsatzformationen und Stäbe bei Großschadenslagen und Katastrophen durch eine koordinierte Nutzung des Internets und Technologie. Eine internationale

Vernetzung findet europaweit unter VOST.eu und weltweit unter dem Dach der Virtual Operations Support Group, VOSG, statt.

Inzwischen gibt es auch in Deutschland solche Teams. Sie haben jeweils eine leicht variierende Ausrichtung (in der Reihenfolge ihrer Entstehung):

Unter **VOST112** tauschen Leitungskräfte von Hilfsorganisationen Erfahrungen aus und betreiben Monitoring und begleiten Forschungsvorhaben auf diesem Gebiet.

Für die operative Unterstützung von Führungsstäben wurde **VOSTde** gegründet. Um ein offizielles "Dach" und somit Zugang zu Führungsstäben zu haben, wurde das Technische Hilfswerk (THW) als bundesweit tätige Hilfsorganisation gewählt. VOSTde ist somit ein virtueller THW Ortsverband und kann im Rahmen eines Amtshilfeersuchens von BOS aus ganz Deutschland aktiviert werden.

Zur Zeit des Schreibens dieses Buches (Sommer 2018) findet sich in Baden-Württemberg das **VOSTbw** zusammen. Es ist dem Verwaltungsstab des Innenministeriums angegliedert. Am 28. September 2018 wurde es offiziell durch Innenminister Thomas Strobl in Dienst gestellt.

Selbstverständlich gibt es auch andere Kooperationen, die mehr oder weniger regelmäßig auf diesem Gebiet zusammenarbeiten und sich nicht VOST nennen. Die Feuerwehr Hamburg bat zum Beispiel die Kollegen aus der Öffentlichkeitsarbeit befreundeter Feuerwehren während des G20-Gipfels in ihrer Stadt um digitale Unterstützung. Und es gibt zahlreiche ähnliche Kooperationen z.B. auf Landkreisebene. WhatsApp-Gruppen, die aktuelle Informationen austauschen, sind damit aber nicht gemeint. Kriterium in diesem Sinne ist die Aufbereitung von Informationen aus dem Internet für eine Einsatzleitung oder einen Führungsstab.

Die Qualifikation der in einem VOST Mitwirkenden ist in den verschiedenen Ländern jeweils verschieden. In den USA sind die Strukturen etwas flexibler und die Zahl der Gruppen, die Hilfe leisten, größer. Fast jede Kirche hat z.B. auch ihre eigene Hilfsorganisation. Da sitzt in einem Führungsstab schon auch einmal ein Vertreter von Scientology-Relief oder der USA-weit verbreiteten Hilfsorganisation "Operation BBQ Relief". Bei uns undenkbar. Somit sind die Kriterien für eine Mitwirkung in einem VOST in den USA nicht so eng wie z.B. in Deutschland.

Für deutsche VOST hat sich bewährt, wenn die Mitwirkenden den Hintergrund der Mitgliedschaft in einer Hilfsorganisation haben. Je höher die Führungsqualifikation, desto besser. Idealerweise besitzen sie eine Stabsausbildung. Wobei es auch nicht verkehrt ist, ein paar jüngere Führungskräfte dabei zu haben, die evtl. noch auf der Gruppenführerebene zu finden sind. Dafür bringen sie ggf. eine wesentlich höhere Internetaffinität und Kompetenz in Sozialen Netzwerken mit ein.
Auch Menschen mit spezifischen Kenntnissen (GIS, Programmierung, Monitoringwerkzeuge…), die (noch) keiner Hilfsorganisation angehören, können eine wertvolle Unterstützung sein!
Natürlich kommt es auch immer darauf an, wie ein Digitales Unterstützungsteam eingesetzt werden soll. Innerhalb eines Landkreises oder einer Hilfsorganisation müssen die Anforderungskriterien eventuell nicht ganz so hoch gesteckt sein. Man kennt sich dort.

An einer Art "VOST Grundausbildung" arbeiten die VOSTs gerade. Da gibt es derzeit noch nichts konkret Festgelegtes. Das ist aber lediglich eine Frage der Zeit. Die in diesem Handbuch beschriebenen Themen dürften weitgehend die Grundlage dafür bilden.

Bei Humanity Road, als internationalem Netzwerk reicht das Interesse am Thema und das Vorhandensein der technischen Möglichkeiten als Voraussetzung. Da gibt es allerdings eine festgelegte Ausbildung. Es werden mehrere Ausbildungsmodule angeboten, die i.d.R. über Skype vermittelt werden. Persönliche Schwerpunkte setzt der Helfer dann selber.

Wichtigste Voraussetzung ist auf jeden Fall eine Leidenschaft für Soziale Medien! Wer immer wieder betont, dass man auch ohne Facebook sehr gut leben kann, hat zwar sicher auch Recht, wird sich aber nur schwerlich für eine derartige Gruppe eignen.

Fazit:

- Die Ausrichtung des VOST bestimmt die Qualifikationen für eine Mitwirkung.
- Einsatzerfahrung ist immer von Vorteil.
- Das Wichtigste ist Leidenschaft für Soziale Medien.
- Eine "Grundausbildung VOST" bringt alle Helfer auf einen gemeinsamen Stand.

Kommunikation und Alarmierung

In der Digitalen Einsatzunterstützung ist es wie im richtigen Leben bzw gilt erst recht: Alles steht und fällt mit der Kommunikation! Natürlich hängt die Kommunikation im Team zunächst von der Struktur der Gruppe ab. Eine Gruppe innerhalb eines Landkreises zum Beispiel, hat jederzeit die Möglichkeit, auch persönliche Treffen anzuberaumen. Das geht bei einem Netzwerk, das über eine größere Region oder gar weltweit verbreitet ist, nur mit einem erheblichen Aufwand.

Für kurzfristige Benachrichtigungen ist ein Messenger sicher die sinnvollste Möglichkeit der Kommunikation. Auch wenn Datenschutzbeauftragte sich die Haare raufen: Am weitesten verbreitet sind derzeit nach wie vor WhatsApp-Gruppen. Das ist insofern erstaunlich als WhatsApp nur auf einem Handy wirklich gut nutzbar ist. Die Ergänzung durch Apps oder Web-Anwendungen ist möglich, aber nicht ganz komplikationslos. Sie ist zumindest immer von einer Netzverbindung des Smartphones abhängig. Da bieten andere Messengerdienste wesentlich mehr an Flexibilität. Telegram ist nach meiner Erfahrung WhatsApp in dieser Hinsicht weit überlegen und ein ernsthafter Konkurrent. Der große Vorteil liegt in der parallelen Nutzbarkeit auf mehreren Geräten. Unterwegs mit dem Smartphone kann parallel auf dem Tablet kommuniziert und dazu per Laptop geschrieben werden. Der Versand von Fotos und Dateien ist total problemlos. Telegram funktioniert auf anderen Geräten auch wenn das Handy kein Netz hat oder aus ist. Es lassen sich verschiedene Gruppenkanäle erstellen, die auch mit unterschiedlichen Klingeltönen versehen werden können. Ein weiterer Vorteil ist, dass Telegram zwar mit einer Handynummer eingerichtet werden muss, diese aber für andere Teilnehmer ausgeblendet werden kann.

Der Vollständigkeit halber sei noch der Messenger von Facebook erwähnt. Mit ihm lassen sich nicht so viele Dateitypen verschicken, und es lässt sich kein individueller Klingelton einstellen. Ansonsten ist er auch ganz brauchbar.

Wer noch sicherer kommunizieren will, verwendet Signal oder das Paradebeispiel für sicheres Messaging: Threema. Letzterer kostet einmalig knapp drei Euro und wird vor allem wegen seiner hohen Sicherheit und Diskretion empfohlen. Es müssen sich eben alle Teammitglieder auf einen gemeinsamen Messenger einigen.

Auch die Einrichtung einer Facebookgruppe ist denkbar. Da sind dann aber die Benachrichtigungen nicht so dezidiert einzurichten. Um auf dem Laufenden zu sein, muss man jeweils auf Facebook aktiv sein. Näheres dazu ist im nächsten Kapitel "Monitoring" zu lesen.

Einziger Nachteil all dieser Messenger: Es lassen sich keine Gruppentelefonate damit durchführen. Hierfür ist Skype unschlagbar. Bei guter Bandbreite kann eine Videokonferenz durchgeführt werden. Bei eher schlechterem Internet, wie es in Deutschland leider immer noch weit verbreitet ist, kann meistens dennoch in Form einer Telefonkonferenz kommuniziert werden. Bei der kostenlosen Version ist so ein Gruppentelefonat auf maximal 25 Teilnehmende begrenzt.

Skype bietet auch die Möglichkeit, seinen Bildschirm zu teilen und so für Schulungen oder bildhafte Darstellung zum Beispiel eine PowerPoint-Präsentation zu präsentieren. Bei der Erstellung der Präsentation sollte man allerdings bedenken, dass Skype nicht nur auf dem Laptop oder Tablet sondern ggf. auch auf dem Handy genutzt wird. Dies vor allem wegen der Schriftgrößen oder zu detaillierten Darstellungen.

Für Skype wäre noch Googles Hangouts eine Alternative. Diese Anwendung ist aber bei weitem nicht so intuitiv und komplikationslos zu bedienen wie Skype. Nachdem Google inzwischen die Einstellung des Netzwerks Google+ angekündigt hat, ist es auch fraglich, wie lange Hangouts noch zur Verfügung steht. Computerspieler verwenden noch eine Anwendung, die sich Discord nennt. Sie bietet ähnliche Funktionen wie Skype und ist ebenfalls kostenlos.

Die kostenlose "eierlegende Wollmilchsau" gibt es leider nicht. So ist es bei den vorgenannten Anwendungen nicht möglich, Dateien geordnet abzulegen. Dafür wird in akademischen Kreisen gerne eine Anwendung namens Slack verwendet. Das ist zumindest in einer Grundversion gratis. Ähnlich wie bei Skype können bei Slack Gruppen und thematische Kanäle eingerichtet werden. In diesen besteht auch die Möglichkeit Dokumente abzulegen. Das bietet Skype so nicht. Man kann über Slack chatten, in Einzel- und Gruppenchats, hat aber nicht die Möglichkeit von Telefon- oder Videokonferenzen. Zumindest nicht in der Gratisvariante.

Für die Aktivierung des Teams kann entweder auf dem üblichen Kommunikationskanal eine Aktivierungsmitteilung erfolgen oder es wird ein separater Alarmierungskanal eingerichtet. Letzteres hat den Vorteil, dass man diesem einen anderen Klingelton zuweisen kann und eine Alarmierung nicht im allgemeinen Chat untergeht. VOST Einsätze sind allerdings normalerweise nicht so zeitkritisch, dass es da auf Minuten ankommt. Andererseits ist ein frühzeitiges Monitoring eines Ereignisses natürlich von sehr großem Vorteil für eine umfassende Lagebewertung.

Ein VOST ist auch nicht unbedingt so hierarchisch strukturiert, dass die Aktivierung ausschließlich durch eine Leitung oder gar Leitstelle erfolgt. Die Praxis sieht eher so aus, dass ein Mitglied des Teams im Kommunikationskanal auf die Lage hinweist, weil es darauf gestoßen ist. So, wie soziale Netzwerke eben auch funktionieren. Teams, die an eine Behörde oder Hilfsorganisation gekoppelt sind, werden in den meisten Fällen bereits aktiv sein, bevor die offizielle Alarmierung erfolgt bzw. das Amtshilfeersuchen positiv beschieden wird.

Fazit:

- Die Verbindung zu anderen VOST Mitgliedern erfolgt am besten über einen Messengerdienst.
- Eine Sprachkonferenz kann im konkreten Einsatzfall und für Lagebesprechungen unerlässlich sein. Bei ausreichender Bandbreite kann diese auch als Videokonferenz gestaltet werden.
- Auch für Schulungsabende sind Videokonferenzen ideal.
- Je nach Struktur und Ausrichtung kommen verschiedene Möglichkeiten der Alarmierung über einen Messengerkanal in Frage.

Monitoring

Geeignete Social Media Plattformen

Die wesentliche Aufgabe in der Digitalen Einsatzunterstützung ist sicher das Monitoring, also das Absuchen des Internet und hier, speziell, der Sozialen Netzwerke, nach nützlichen und lagerelevanten Informationen. Das funktioniert bei jeder Sozialen Plattform anders. Der Grund dafür liegt an der jeweils anderen Ausrichtung aber auch an der Programmierung der Seiten. Am monitoringfreundlichsten ist sicher Twitter. Schon von der Grundstruktur her und weil es diversen Plattformen die Möglichkeit der Auswertung gibt.

Grundsätzlich macht es Sinn, zunächst offizielle Accounts und Seiten herauszufinden und zu beobachten. Also:
- Gemeinde, Landkreis
- ggf. betroffene Ämter
- zuständige Polizei
- Hilfsorganisationen
- Personen / Gruppen / Seiten aus dem betroffenen Gebiet

Für die meisten offiziellen Stellen (wie auch für Menschen mit einem hohen Bekanntheitsgrad) gibt es die Möglichkeit, sich verifizieren zu lassen. Die Verifizierung wird meist durch ein weißes Häkchen auf blauem Grund angezeigt. Bei diesen Accounts kann man wirklich davon ausgehen, dass sie für das stehen, was sie angeben.

Nachfolgend ein paar Tipps für ein paar Plattformen, die in Großschadenslagen relevant sein können. Die Liste zeigt den aktuellen Stand im Spätsommer 2018 und entspricht dem Kenntnisstand des

Autors. Selbstverständlich kann so eine Auflistung niemals hundertprozentig aktuell sein, weil sich im IT-Bereich und beim Angebot der Sozialen Medien ständig Änderungen und Neuerungen ergeben. Was heute aktuell ist, kann morgen schon wieder überholt sein.

<u>Twitter</u>
Wie bereits beschrieben: Am einfachsten auszuwerten ist Twitter. Hier kann nach Stichworten gesucht werden. Mit und ohne Hashtag. Über die Funktion "Advanced Twitter Search" können Tweets noch wesentlich detaillierter ausgewertet bzw. recherchiert werden. Bei nicht abgeschalteter Übermittlung der Geodaten kann auch der Standort des Absenders ausgewertet werden. Man kann also die Suche auf Tweets aus einem Umkreis von z.B. 100 km um das Schadensgebiet herum beschränken und so sicherstellen, dass die Nachrichten aus dem betroffenen Gebiet kommen und nicht durch jemanden aus einer ganz anderen Ecke der Welt abgeschickt wurden.

Interessant kann es sein, nicht nur einer Person oder Organisation zu folgen, sondern einer Liste, die bereits jemand angelegt hat. Oder man legt sich selbst Listen an. Zum Beispiel alle Polizeiaccounts oder die einer bestimmten Organisation oder Region zuordenbaren Twitterprofile. Das wird im Idealfall bereits vorbereitend erledigt und erleichtert so die Arbeit im Ereignisfall.

<u>Facebook</u>
Allen Unkenrufen zum Trotz ist Facebook nach wie vor das am weitesten verbreitete Soziale Netzwerk in Deutschland. Hier wird nicht nur Aktuelles gepostet, sondern es lassen sich u.a. auch Seiten erstellen und Gruppen bilden. Wie im vorigen Kapitel angedeutet, kann zur Koordination und Kommunikation untereinander statt eines Messengers auch eine Facebookgruppe erstellt werden. Hier können auch Links geteilt aber auch Umfragen erstellt oder Veranstaltungen geplant werden. Der Gruppenstatus kann auf "öffentlich", "geschlossen" oder "geheim" gestellt werden. Eine "geheime" Gruppe ist für Außenstehende nicht auffindbar. Eine "geschlossene" Gruppe kann zwar gefunden werden, für den Beitritt können aber gewisse Voraussetzungen eingestellt werden: Dies kann z.B. die Beantwortung von Fragen beinhalten oder die Zustimmung eines Gruppenadministrators zur Bedingung machen. Ebenso, wer sonst ermächtigt ist, Interessierten Zutritt zur Gruppe zu gewähren. Eine Facebookseite ist immer öffentlich. Das ist ja auch der Sinn einer

solchen. Sie kann eine Organisation oder eine Gruppe repräsentieren oder anlassbezogen erstellt werden.

Facebookseiten werden sehr oft auch im Zusammenhang mit Schadenslagen eingerichtet und tragen dann meistens entsprechende Namen wie "Oderflut 2028", "Hochwasser Dresden" oder "Waldbrand Musterforst". Eine eigene Beobachtung ist, wie schon oben erwähnt: Je konkreter der Bezug bzw. die Betroffenheit, desto mehr Menschen abonnieren die Seite oder "Liken" sie. Beim Hochwasser 2013 konnte zum Beispiel die Seite "Hochwasser Juni 2013", die die Lage in Deutschland, Österreich und der Schweiz abbildete, bei weitem nicht die Abonnentenzahlen von "Hochwasser Dresden" erreichen. Nachvollziehbar: Wer in seiner Region bedroht ist, interessiert sich zunächst für die Lage, die ihn selber betrifft und nicht unbedingt für die Lageentwicklung in anderen Regionen oder gar Ländern.

Durch die Suchfunktion können solche Seiten und Gruppen gefunden werden. Für die Informationsgewinnung und das Monitoring muss man sie allerdings aktiv im Auge behalten. Wichtig fürs Monitoring: Unter "Abonnieren" kann die Priorisierung der Benachrichtigungen über neue Beiträge eingerichtet werden. Regulär sind sie auf "Standard" eingestellt. Mit dieser Einstellung kann es durchaus sein, dass man eine neu eingestellte Meldung erst einen oder gar mehrere Tage später angezeigt bekommt. Das liegt an diesem dubiosen "Facebook Algorithmus". Bei bis zu 20 Seiten kann "Als Erstes anzeigen" ausgewählt werden. Dann erfolgt die Benachrichtigung gleich nach Veröffentlichung einer Meldung.

Beim Monitoring von Seiten ist es enorm wichtig, hie und da die komplette Kommentarsektion zu überprüfen. Sonst werden Unterkommentare, also Kommentare zu Kommentaren gerne mal übersehen.

<u>You Tube</u>
Das bekannteste und am meisten genutzte Videoportal weltweit ist YouTube. Hier finden sich natürlich auch bei Schadenslagen hochgeladene Videos. Inzwischen sind auch Live-Videos möglich. Auch YouTube bietet eine Schlagwortsuche. Es versteht sich von selbst, dass die jeweiligen Videos vor Weitergabe des Links auf Aktualität und Plausibilität überprüft werden müssen. Mancher Betreiber eines YouTube Kanals hängt sich gerne auch an aktuelle Ereignisse. Beim Brand in einer Diskothek wird dann ggf. Archivmaterial einer Übung oder eines früheren Brandes dort eingestellt und der Anschein erweckt, es

wären aktuelle Aufnahmen. Ebenfalls kann es vorkommen, dass zwar als Überschrift das aktuelle Ereignis steht, das Video aber ein anderes Feuer zeigt. Gerade bei Foto- und Videomaterial ist eine gründliche Verifizierung deshalb unerlässlich.

Was hier für YouTube gilt, gilt analog auch für andere Videoportale (z.B. Vimeo).

Google / Google Alerts

Google hat sich seinen Namen ja als Suchmaschine gemacht. Nicht ganz so bekannt ist die Möglichkeit, sich beim Auftauchen gewisser Stichworte im Netz informieren zu lassen. Dieses Angebot nennt sich "Google Alerts". Neben den Stichworten lässt sich auch die Frequenz der Alerts einstellen: Von "einmal täglich" bis "unverzüglich" kann man sich per E-Mail informieren lassen. Außerdem lässt sich die Suche auf einzelne Quellen, die Sprache und Länder eingrenzen. Etwas enttäuschend ist die "Nichtlernfähigkeit" der Alerts. Man kann zwar Alerts als "nicht zutreffend" kennzeichnen, aber das scheint keinen Einfluss auf die weitere Auswahl zu haben.

Talkwalker Alerts

Die Firma Talkwalker bietet zahlreiche interessante aber kostenpflichtige Tools zum Monitoring für Unternehmen an. Die Alerts sind allerdings kostenlos. Im Gegensatz zu Google sind die Talkwalker Alerts nicht nur auf Pressemeldungen beschränkt, sondern werten auch Twitter, Blogs und Foren aus. Seinem Anspruch, bessere Ergebnisse zu liefern als Google, werden die Talkwalker Alerts also auf jeden Fall gerecht. Am Anfang nicht nerven lassen: Nach der Anmeldung wird man zunächst per Mail bezüglich eines Telefontermins kontaktiert. Das kann man dann aber auch wieder unterbinden. Talkwalker verschickt auch immer wieder Mails mit hilfreichen Ratschlägen zur besseren und effektiveren Nutzung dieses Werkzeugs oder Einladungen zu kostenlosen Webinars.

Reddit

Eine weitere Sammlung von Artikeln, Posts und Nachrichten ist Reddit. Man kann sich dort generell einzelnen Themenbereichen zuordnen oder, wie bei Google oder anderen Suchmaschinen, Stichworte eingeben und dann aus dem Ergebnis die entsprechenden Links auswählen.

Live Videos
Auch auf diesem Gebiet gibt es zwei Hauptanbieter: Facebook und Periscope. Letzterer ist mit Twitter verknüpft. Beide Anbieter bilden jeweils auf einer Karte alle aktuell übertragenen Videos ab und können bei entsprechendem Monitoring ebenfalls zu einem umfassenden Lagebild beitragen.

Mit den vorgenannten Plattformen deckt man schon den allergrößten Bereich in Sachen Monitoring in Sozialen Netzwerken ab. Wenn man die Kapazitäten hat, lassen sich auch andere Anbieter noch heranziehen. Zum Beispiel:

Instagram
Bei diesem reinen Foto- und Videonetzwerk lassen sich durch die Hashtagsuche eventuell weitere Fotos und Lagebilder oder auch Videos finden. Im Marketing ist Instagram inzwischen das zweitwichtigste Medium nach Facebook. Derzeit ist das für den Bevölkerungsschutz (noch) nicht absehbar, es lohnt sich aber, diese Plattform im Auge zu behalten.

Pinterest
Auch auf Pinterest spielen Fotos eine große Rolle. Hier sind sie nach Themen (sogenannte "Pins") sortiert. Am interessantesten dürften Pins von Hilfsorganisationen oder deren Leitungskräften sein.

Snapchat / WhatsApp etc
In Chat- und Messengerapps sind oft Gruppen angelegt. Allerdings lassen sich diese Gruppen nicht recherchieren. Wenn man also nicht eh in einer "Blaulicht-" oder "Blitzergruppe" ist, dürfte der Zugang zu diesen eher zufällig passieren. Es sei denn man hat ein größeres Beziehungsfeld - was in jeder Hinsicht und auch und vor allem "im richtigen Leben" immer sinnvoll ist! Die Schweizer Hilfsorganisationen vermitteln in der Führungsausbildung das "3K-Prinzip". Die drei K stehen für "In **K**risen **K**öpfe **k**ennen." Dieses Prinzip findet inzwischen auch in den deutschen Führungskräfteausbildungen Verbreitung und hat sich noch immer bewährt.

Monitoringhilfen

Zusätzlich zu den Sozialen Netzwerken gibt es auch Anbieter, die das Monitoring dieser Netzwerke wesentlich einfacher und effizienter machen. Große Konzerne bezahlen dafür sehr viel Geld für sehr weitreichende Funktionen. Es gibt allerdings auch Angebote, die kostenlos sind, aber dafür natürlich entsprechend weniger Funktionen bieten. Nachfolgend sind ein paar aufgeführt und kurz beschrieben:

<u>Tweetdeck</u>
Der Vorteil von Tweetdeck ist, dass Tweets in mehreren Spalten nebeneinander abgebildet werden können. Jeder Spalte kann ein Schlagwort, ein Twitteraccount oder eine Twitterfunktion (wie angelegte Listen, gesendete Tweets oder persönliche Nachrichten) zugeordnet werden. So kann bei einer Explosion bei ABC-Chemie in Musterstadt die Spaltenbelegung festgelegt werden mit "ABC-Chemie Musterstadt", "Explosion Musterstadt" der Feuerwehr Musterstadt und der Polizei Musterland. Die Liste "Medien und Presse" wird in einer weiteren Spalte abgebildet. Wenn sich der Hashtag #abcfeuer herauskristallisiert, kann zur Erfassung der Tweets mit diesem Hashtag ebenfalls eine Spalte erstellt werden.
Wer mehrere Twitteraccounts betreut, also zum Beispiel einen privaten und einen Account seiner Hilfsorganisation, kann jeweils entscheiden, von welchem Account aus getweetet werden soll. Wobei das auch seine Gefahren birgt, wenn man die Accounts einmal verwechselt! Tweetdeck hat das aber inzwischen erkannt und bietet für weitere betreute Accounts an, eine Schwelle in Form einer zusätzlichen Abfrage jeweils vor dem Absenden des Tweets einzurichten.
Ein weiterer Vorteil von Tweetdeck ist, dass man weitere User als "Redakteure" zulassen kann, und so das Passwort für das Twitterkonto der Organisation bzw. der Behörde nicht preisgeben muss.
Leider hat Twitter die Möglichkeit abgeschafft, gleichzeitig von zwei Accounts aus dieselbe Nachricht zu tweeten. Da hilft nur der Umweg des "Retweets", also des Teilens des ursprünglichen Tweets über die anderen Twitterkonten. Im reinen Monitoring ist das aber eh irrelevant.

<u>Hootsuite</u>
Hootsuite ist eine ähnlich aufgebaute Plattform. Im Unterschied zu Tweetdeck können hier mehrere Soziale Netzwerke betreut werden und

es lassen sich Registerblätter anlegen. Zum Beispiel eines fürs alltägliche Monitoring, eines für die Hilfsorganisation, eines für Schadenslagen mit den entsprechenden Schlagworten…

In der kostenlosen Version kann allerdings nur eine Person von einem gemeinsamen Organisationsaccount tweeten.

Es gibt allerdings Anzeichen dafür, dass Hootsuite irgendwann nicht mehr kostenfrei nutzbar ist. Im Moment, also im Sommer 2018, funktioniert es aber noch.

Bezahlsoftware

Die bisher aufgeführten Anwendungen sind alles Werkzeuge, die kostenlos angeboten werden. Gerade für den Bereich des Monitoring gibt es viele interessante und sehr leistungsfähige Programme für den gewerblichen Bereich. Die haben natürlich auch ihren Preis und kommen deshalb für den Bereich des Bevölkerungsschutzes kaum in Frage. Manche Anbieter bieten Behörden oder Vereinen aber auch oft Sonderkonditionen an. Eine solche Anwendung ist z.B. Scatterblogs, die sehr umfangreiche und tiefe Recherchen vor allem auf Twitter möglich macht.

Um einen Überblick über die vielfältigen Angebote auf dem Gebiet des Monitoring zu erhalten, sei hier noch die Website und der Newsletter des Monitoring Matcher empfohlen. Hier finden sich durchweg aktuelle Beschreibungen, Tests und Neuheiten in Sachen Internetrecherche. Der Hit ist eine stets aktualisierte Auflistung von Anbietern von Monitoringwerkzeugen. Zum Zeitpunkt der Drucklegung dieses Buches umfasst die Liste 95 Anbieter! Auch das Buch „Analysiere das Web" von Stefan Evertz enthält viel Wissenswertes zu diesem Thema. Natürlich in erster Linie auf Marketingaktivitäten abgestimmt. Es lässt sich dennoch einiges auf den Bevölkerungsschutz übertragen.

Sonstige Möglichkeiten

Webcams

Viele Gemeinden oder Betreiber von Sehenswürdigkeiten betreiben Wetter- oder Webcams. Wenn diese sich in der Umgebung der Einsatzstelle befinden, besteht hier die Möglichkeit, einen direkten Eindruck der Lage zu gewinnen.

Für jedes Bundesland lässt sich ein Verzeichnis der Verkehrskameras recherchieren. Einfach „Verkehrskameras (Bundesland)" ins Suchfeld eingeben.

Zahlreiche Wetterseiten verlinken auch zu einem großen Netz an Wettercams, die zum Monitoring eventuell herangezogen werden können. Zumindest das aktuelle Wetter lässt sich so ermitteln.

Die Hersteller von Webcams verlinken ebenfalls zu den von ihnen aufgestellten bzw. betriebenen Cams. Diese sind über jede Suchmaschine auffindbar. In das Suchfeld z.B. "Webcam Bad Übungsstadt" eingegeben, dürfte zu zahlreichen brauchbaren Links führen – natürlich vorausgesetzt, dort sind Webcams installiert und in Funktion.

<u>Liveticker</u>

Bei aktuellen Ereignissen erstellen auch (lokale) Zeitungen oder Rundfunkanbieter meistens einen Liveticker, der kontinuierlich aktualisiert wird. Diese ins Monitoring einzubeziehen, ist ebenfalls sehr hilfreich. Oft haben diese Medien auch Berichterstatter vor Ort. Natürlich gilt es auch hier, die Glaubwürdigkeit des jeweiligen Mediums in die Bewertung mit einzubeziehen und nicht jede Information ungeprüft zu übernehmen. Ein "Mitarbeiter vor Ort" ist andererseits eine weitere, sehr effiziente Möglichkeit, die Stimmung vor Ort aufzufangen. Dabei darf nicht außer Acht gelassen werden, dass sich die Perspektive „vor Ort" von der von außerhalb unterscheiden kann. Aber genau deshalb wird ja auch Monitoring betrieben.

Fazit:

- Es gibt nicht das EINE Netzwerk.
- Jedes Netzwerk hat seine eigenen Regeln, Vor- und Nachteile.
- Für Monitoring ist Twitter sicher die wichtigste Plattform.
- Beim Monitoring empfiehlt es sich, die Netzwerke im Team aufzuteilen.
- Für das Teilen von Informationen und die Kommunikation mit Betroffenen sind Twitter und Facebook die erfolgsversprechendsten Netzwerke.

Mapping

Karten sind für eine aussagekräftige Lageübersicht unabdingbar. Nicht umsonst sieht die DV 100 (die Dienstvorschrift, die in den Hilfsorganisationen das Führen und Leiten regelt) für die Führung der Lagekarte eine eigene Stabsfunktion (S2) vor. Ganz entsprechend dem Buchthema soll hier aber nicht nur auf die Lagedarstellung eingegangen werden. Auch bei der Erstellung von Karten gibt es das Social Media Pendant. Es heißt "Crowd Mapping". Wie schon der Name sagt, wird hier die Karte durch die Öffentlichkeit, eben "die Crowd" erstellt.

Ushahidi
Der "Urahn" der Crowdmapping Plattformen ist Ushahidi. Erstmals 2007 wurde diese Plattform in Kenia eingerichtet, um Beobachtungen im Rahmen der dortigen Wahlen zu dokumentieren und auf einer Karte darzustellen. Der Name ist darauf zurückzuführen: Er bedeutet "Zeugnis" auf Swahili.

Die Methode ist die, dass man in ein Onlineformular seine Beobachtungen einträgt, diese kategorisiert und möglichst mit einer Ortsangabe versieht. Die Daten werden durch ein Team überprüft und anhand der Koordinaten bzw. der Ortsangaben automatisiert in eine Karte eingepflegt.

Crowdmap
Eine Crowdmap ist nicht ganz so komplex wie die von Ushahidi, aber ziemlich ähnlich aufgebaut. Es wird eine Eingabemaske festgelegt, diversen Auswahlmöglichkeiten entsprechende Symbole zugeordnet, und die Möglichkeit zur Verifizierung und Freigabe ist ebenfalls enthalten. Interessant beim Monitoring kann die "Heat Map" sein. Hier ist bildlich dargestellt, aus welchem oder für welches Gebiet aktuell die

meisten Eingaben gemacht werden oder wurden. Daraus können durchaus Rückschlüsse auf den Hilfebedarf gezogen werden.

Im Erste Hilfe Kurs lernt man, dass bei mehreren Verletzten nach einem Unfall die Behandlungspriorität nicht bei denen liegt, die laut schreien oder jammern sondern bei denen, die still sind. Letztere sind womöglich die, die die bedrohlicheren Verletzungen erlitten haben. Dies gilt analog auch beim Monitoring. Wenn zum Beispiel aus einem überschwemmten Gebiet aus einer Ecke viele und aus der anderen gar keine Meldungen kommen, könnte dies ein Hinweis auf eine zerstörte Infrastruktur sein.

<u>Google My Maps</u>

Eher keine Crowdmap, aber für die eigene Lageübersicht oder die Erstellung einer Karte zur Bevölkerungsinformation sehr hilfreich, ist das Angebot von Google, Karten auf Google Maps individuell dem jeweiligen Informationsbedarf anzupassen. Unter dem Titel "Google My Maps" ist die Möglichkeit gegeben, vorhandene Karten mit eigenen Markierungen und Symbolen zu versehen. Eine breite Auswahl an Icons und Symbolen in vielen Farben stehen zur Auswahl. Es können aber auch eigene Piktogramme oder Taktische Zeichen hochgeladen und eingesetzt werden. Die Zeichen lassen sich einzeln direkt an die gewünschte Stelle setzen oder über eine entsprechende Tabelle (z.B. Excel) gesammelt einfügen. Auch das Einzeichnen von Wegstrecken ist ganz einfach möglich. Eventuell vorhandene Geodaten aus anderen Karten können ebenfalls in den üblichen Formaten eingepflegt bzw. übernommen werden.

<u>Humanitarian Open Street Map</u>

Der Vollständigkeit halber sei noch dieser Anbieter erwähnt, auch wenn er in Deutschland im Zusammenhang mit dem Mapping bei Katastrophen wohl eher nicht zum Einsatz kommt. Die Karten von Open Street Map sind ja bereits Grundlage zahlreicher Anwendungen und Apps. Neben dem kommerziellen Bereich unterhält der Anbieter auch einen humanitären Zweig. Humanitarian Open Street Map (HOT OSM) unterstützt Hilfsorganisationen in Ländern, in denen Orte bisher nicht oder nur unzureichend kartiert sind mit der Erstellung von Karten. Dafür ist etwas mehr Fachkenntnis nötig als es bei den oben aufgeführten Kartenanbietern der Fall ist – das dafür benötigte Wissen ist aber auch für Nicht-GIS-Fachleute leicht erlernbar. HOT OSM leistete nach dem Erdbeben auf Haiti 2010 ebenfalls maßgebliche Unterstützung für die

Einsatzkräfte vor Ort, indem aus Satellitenbildern von vor dem Beben eine Straßenkarte der Hauptstadt Port-au-Prince erstellt wurde. Derzeit (Sommer 2018) arbeiten die Freiwilligen an einer Karte der von Ebola betroffenen Regionen im Kongo und unterstützen dadurch u.a. das Rote Kreuz, Ärzte ohne Grenzen und die WHO.

Fazit:

- Auch für die bildliche und räumliche Darstellung einer Lage gibt es vielfältige Varianten.
- Crowd Maps können eine sehr wertvolle Unterstützung bei der Erfassung einer Lage sein. Sie kommen i.d.R. aus dem Schadensgebiet.
- Online Lagekarten lassen sich auch ohne Spezialkenntnisse verhältnismäßig leicht erstellen.
- Es ist empfehlenswert, sich mit diesem Thema bereits außerhalb eines Schadenfalls zu befassen.

Der Umgang mit Fake News

Falschmeldungen sind keine Erfindung des Internetzeitalters. Gelogen wird seit Beginn der Menschheit. Das erste beschriebene Verifikationswerkzeug war wohl die „Frucht zur Erkenntnis von Gut und Böse", die die Schlange, laut dem ersten Buch Mose in der Bibel, Eva im Paradies schmackhaft machte. Dass es ein Apfel gewesen sein soll, ist übrigens auch eine Fehldeutung und somit ebenfalls ein Fake.

Am 30.10.1938 erregte eine Radiosendung in den USA großes Aufsehen und Panik in New York und New Jersey. Es wurde von der Landung von Aliens auf der Erde berichtet. Orson Welles hatte das Buch „Krieg der Welten" von H.G. Wells von 1898 zu einem sehr realistisch anmutenden Radiohörspiel gemacht. Durch die Abwechslung von Sprachbeiträgen und Musik, eben wie im alltäglichen Radioprogramm, klang die Geschichte sehr realistisch. Künstlerisch gesehen, ein Erfolg. Objektiv gesehen: Eine Falschmeldung.

Schon Konrad Adenauer soll gesagt haben: "Was mit Foto in den Sozialen Netzwerken gepostet wird, stimmt immer." - Dieses „Zitat" ist erstens alt und zweitens leicht zu durchschauen. Das ist nicht bei allem der Fall, was uns in den Sozialen Medien begegnet. Schon im Alltag nicht, aber auch nicht im Falle von Schadenslagen. Gerne wird all das, was an Unwahrheiten im Internet verbreitet wird, unter dem Sammelbegriff "Fake News" zusammengefasst. Falschmeldungen gibt es schon länger, den Begriff „Fake News" hat erst US Präsident Trump geprägt.

Genaugenommen gibt es vier verschiedene Arten von Falschmeldungen, die sich quasi in "Böswilligkeitsstufen" einteilen lassen:

Irrtümer / Gerüchte

Seien es nachlässige Recherchen oder Missdeutungen von Ereignissen oder Meldungen: Vor Irrtümern ist niemand verschont. Da ist das Internet keine Ausnahme. Und je mehr solche Meldungen Emotionen ansprechen, desto wahrscheinlicher ist deren Verbreitung.

Im Sommer 2018 machte eine Polizeimeldung die Runde, nach der in einem norddeutschen Seniorenheim zwei Bewohner als vermisst gemeldet und am frühen Morgen an einer Bushaltestelle im Ort Wacken aufgefunden wurden. Weil sie sich so gewehrt hätten, habe die Polizei das bestellte Taxi bis zum Heim zurückbegleitet. Da zu diesem Zeitpunkt das große Wacken Open Air stattfand, wurde im Netz natürlich gemutmaßt, die beiden wollten das Festival besuchen. Entsprechend war das Echo auf die Berichte in den Sozialen Netzwerken. Sie erstreckte sich von Kritik an der Polizei, bis zu Schimpftiraden auf das Seniorenheim und "das System", wo niemand den beiden Senioren das Festival gönnen würde. "Ein letztes Mal Spaß haben, und nicht mal den gönnt man den Beiden!" etc. Ein paar Tage später legte die Polizei deshalb nach und veröffentlichte eine korrigierte und konkretisierte Meldung. Dabei stellte sich dann heraus, dass die zwei Herren unter Demenz leiden und sich einfach in den Bus gesetzt hatten. Zum WOA wollten sie gar nicht! Noch Tage später konnte man allerdings die ursprüngliche Meldung lesen. Das Klischee der aufmüpfigen Rock-Opas war einfach zu schön…

Viel drastischer können sich Gerüchte auswirken, wenn Angst im Spiel ist. So berichtete die Polizei München von verängstigten Bürgern, die während des Amoklaufs im Juli 2016 auf Polizeistationen Zuflucht suchten, weil das Gerücht von mehreren bewaffneten Tätern in der Gegend die Runde machte. Durch Panikreaktionen auf derlei Gerüchte erlitten 32 weitere Menschen Verletzungen und 310 vermutete "Attentate" wurden gemeldet! Solche Falschmeldungen müssen erst einmal erkannt werden. Und dann ist massives Gegensteuern angesagt. Das geht! Aber Gerüchte sind wie ein Feuer: Sie sind am einfachsten zu bekämpfen wenn sie noch im Entstehungsstadium sind.

<u>Satire</u>
Mit einer steigenden Anzahl an Satireseiten und -profilen macht es Sinn, diese in diesem Zusammenhang ebenfalls zu erwähnen. Diese Seiten können im Netz durchaus auch für Aufruhr sorgen. Und auch hier gilt: Je mehr Emotionen oder auch Weltanschauungen im Spiel sind, desto heftiger die Verbreitung. In dieser Hinsicht führend ist sicher die Seite "Der Postillon". Den Machern gelingt es, durch hemmungslose Satire, regelmäßig zum Teil heftige Reaktionen zu provozieren. Den Bereich des Bevölkerungsschutz betreffend, gab es auf die Meldung, der Notruf würde ab sofort auf eine 0190er-Nummer umgestellt und damit kostenpflichtig, viel Verunsicherung und heftige Reaktionen. Eine weitere Meldung verkündet eine zweiwöchige Nichterreichbarkeit des Polizeinotrufs in Berlin "wegen Anbieterwechsels". Wer den Witz hinter der Meldung erkennt, kann sich darüber herzhaft amüsieren. Auch über die Reaktionen von Menschen, die die Ironie nicht erkennen. Bei einer eventuellen Weiterverbreitung muss man aber eben auch letztere Menschen im Blick haben, die sich durch solche Botschaften womöglich verunsichern lassen. Aber das ist "im richtigen Leben" auch nicht anders.

In Schadenslagen tauchen auch sehr oft Fotomontagen oder Videos auf. Da schwimmen bei Hochwasserlagen Haifische durch die Fußgängerzone oder es fliegen bei Sturm Rettungsfahrzeuge durch die Luft… Wachsamkeit ist also auch bei „Foto- oder Videobeweisen" angebracht.

<u>Falschinformationen - Fake News</u>
Unter dieser Kategorie fasse ich bewusst einseitig abgefasste Posts, Artikel oder Videos zusammen. Bei Schadenslagen ist dies sehr oft die Kombination richtiger Information mit falschen oder alten Fotos oder Videos. Als im April 2018 im Europapark Rust ein Großfeuer wütete, waren bei vielen Posts Fotos früherer Feuer in einem anderen Freizeitpark zu sehen.

Dieser Effekt ist auch oft bei Videos, vor allem auf YouTube, zu sehen. Wie bereits beschrieben: Um ihre Reichweite zu vergrößern, nützen manche Accounts eine Schadenslage, um ein altes Video einer ähnlichen Lage zu posten. Manche schreiben dazu, dass das Video von früher ist, viele aber auch nicht. Für die Lagebeurteilung ist hier eine Verifizierung unumgänglich.

Kommerziell / Böswillig / Kriminell

"Das Böse schläft nicht." Auch nicht im Internet. Nervig beim Monitoring aber soweit harmlos sind kommerzielle Anbieter, die eine Lage, und oft auf Twitter die entsprechenden Hashtags, aufgreifen. Da führt der Link in einem Tweet mit dem aktuellen Hashtag #Dresdenflut oder #FreiburgFeuer zu einer Porno- oder Kommerzseite. Wenn man es weiß, sind solche Tweets meist durch ihre Aufmachung und die vielen Hashtags, die oft nichts miteinander zu tun haben, identifizierbar. Also zusätzlich zu den vorgenannten z.B. noch #Frühling #nightlife #partygirl oder ähnliches.

Dass solche Links auch auf Seiten führen, über die man sich Schadsoftware auf seinen Computer lädt, ist ebenfalls möglich.

Wo „Polizei" draufsteht, ist leider nicht immer auch „Polizei drin". Wer auf Facebook zum Beispiel einen Fahndungsaufruf oder eine Vermisstenmeldung einer Seite „polizeimeldungen.com" anklickt, wird zunächst mit zahlreichen Werbepopups belästigt. Bei allen Bemühungen um Wirtschaftlichkeit greift die Polizei glücklicherweise noch nicht zu solchen Maßnahmen der Finanzierung der Polizeiarbeit.

Als es am 08. August 2011 in London zu Unruhen und Plünderungen kam, verbreitete die Nachricht, die Randalierer wären in den Zoo eingebrochen und hätten die Tigerkäfige geöffnet, viel Angst und Unsicherheit. Untermauert durch Fotos eines Tigers, der durch eine Straße läuft, erhöhte die Meldung den Angstfaktor enorm. Wer diese Nachricht startete und mit welcher Motivation ist unklar. Es dauerte seine Zeit, bis das Gerücht eingedämmt und der Beweis angetreten war, dass das Foto vom Ausbruch eines Tigers in Indien mehrere Jahre zuvor stammte.

Kriminell wird die Sache auch, wenn Schadenslagen ausgenützt werden, um "Spenden" zu sammeln. "Spendenseite" aufgesetzt, Tweets mit dem Hashtag verschickt und kassieren - leider kommt auch das vor.

Es braucht aber nicht unbedingt eine Krise oder Katastrophe als Rahmen: „Größter Terroranschlag in Westeuropa! Viele Tote und Verletzte!" tweetete und bloggte ein Blogbetreiber aus der Mannheimer Ecke Ende März 2018. Im Blog war von mehreren Anschlägen auf mehrere Volksfeste im Raum Mannheim zu lesen. Es wurde unter anderem auch geschrieben, es sei eine Informationssperre verhängt worden und die Polizei würde die Meldung über den Anschlag dementieren. Was natürlich auch geschah. Glücklicherweise fiel die Veröffentlichung dieser Falschmeldung in die sehr frühen Morgenstunden eines Wochenendes und wurde sehr schnell von anderen Tweetern bestritten und der Urheber heftig beschimpft. Dieser bezeichnete im Nachgang die Aktion als Satire mit der er zu selbständigem Denken anregen wollte, u.a. im Geiste von Orson Welles. Ein jeder möge diese „Aktion" selber bewerten…

Fazit:

- Die Gründe, Falschinformationen zu verbreiten, sind vielfältig.
- Falschinformationen sind nicht immer bösartig.
- Eine stetige Überprüfung / Verifizierung von Informationen ist notwendig.
- Auch Fotos oder Videos können Falschinformationen darstellen oder beinhalten.

Verifizierung

Generelles

Schon allein für die eigene Glaubwürdigkeit ist es wichtig, nur verifizierte Informationen zu teilen oder weiterzugeben. Privat, und erst recht als BOS. Im schlimmsten Falle hängen Menschenleben von unserer Arbeit ab! In diesem Zusammenhang sei das "Verification Handbook" empfohlen, das das European Journalism Center herausgegeben hat. Es richtet sich in erster Linie an Journalisten, ist aber auch im Bevölkerungsschutz von höchstem Nutzen! Ein paar generelle Tipps sind im ersten Kapitel enthalten:

- Erstelle einen Plan im Vorfeld eines Ereignisses und lege Vorgehensweisen fest.
- Vernetze dich mit Menschen und zuverlässigen Quellen.
- Sei skeptisch, wenn etwas "zu gut um wahr zu sein" scheint, klingt oder aussieht.
- Mache dich mit Such- und Recherchemethoden und -werkzeugen vertraut.
- Kommuniziere und kooperiere mit anderen Profis - Verifikation ist eine Mannschaftsdisziplin.

Die Glaubwürdigkeit einer Quelle ist ein wesentlicher Faktor in der Bewertung des Wahrheitsgehalts von Meldungen. In einer Zeit, in der Aktualität zu einem regelrechten Wettstreit ausartet, geht diese Aktualität oft zu Lasten der Qualität. Als erstes Medium die schockierendsten Zahlen und Vorkommnisse zu posten, ist auch wirtschaftlich von enormem Vorteil. Deshalb ist es wichtig, sich Medien und Nachrichtenagenturen im Alltag anzuschauen und sich ein Bild zu machen. Hier sollen keine namentlichen Empfehlungen oder

Warnungen ausgesprochen werden. Die Erfahrung sagt aber schon, dass die Medien, die am schnellsten in der Berichterstattung sind, selten diejenigen sind, die gründlich recherchiert haben. Wie auch? Im Monitoring können aber durchaus zuverlässige und weniger glaubwürdige Quellen beobachtet werden. Bei letzteren stößt man schneller auf ein Ereignis oder eine Meldung. Dies dient der Aufmerksamkeit und kann beim Monitoring einen Anstoß für weitere Recherchen bedeuten. Relevanz erhält die Meldung dann allerdings erst, wenn sie entsprechend gegengeprüft wurde. Bei der Weitergabe der Informationen an einen Stab oder eine Einsatzleitung ist es enorm wichtig, zu kennzeichnen, ob eine Meldung bereits verifiziert ist, oder nicht. Das kann Entscheidungen maßgeblich beeinflussen - oder Anlass zur Festlegung weiterer Schwerpunkte beim Monitoring bieten.

Bei intensiverer Beschäftigung mit diesem Thema ist es ggf. empfehlenswert, sich eine Liste von Medien und Nachrichtenagenturen zu erstellen und hinsichtlich ihrer Glaubwürdigkeit zu bewerten. Allerdings arbeiten auch in der seriösesten Agentur oder Zeitung nur Menschen, die nicht zu hundert Prozent vor Fehlern gefeit sind. Deshalb darf die Quelle nicht das einzige Kriterium bei der Überprüfung des Wahrheitsgehalts von Meldungen sein.

Verifizierung

Wenn die Arbeit eines Digitalen Unterstützungsteams effizient sein soll, reicht es nicht, Informationen nur zusammen zu tragen. Für eine Lagebeurteilung ist es unumgänglich, dass die gefundenen Informationen auch auf ihren Wahrheitsgehalt hin überprüft werden. Bei Humanity Road gilt in dieser Hinsicht der Grundsatz "Verify x 2" - also eine Verifizierung, bei der mindestens zwei Faktoren zutreffen. Eine Checkliste für die Verifizierung befindet sich im Anhang.

Oft hilft bei der Überprüfung von Posts, Fotos und Videos auch der gesunde Menschenverstand:
Kann es wirklich der angegebene Ort sein?
Entspricht die Umgebung der angegebenen Örtlichkeit?
Passt die Beleuchtung zur Tageszeit?
Passen Beschriftung und Fahrzeuge der Einsatzkräfte zur Örtlichkeit?
Passen Text und Bild zusammen?
Welche Sprache ist (auf Videos) zu hören?

Zur Unterstützung bei der Verifizierung von Meldungen, Fotos und Videos gibt es selbstverständlich inzwischen auch Plattformen, die bei der Ermittlung des Wahrheitsgehalts helfen. Eine sehr umfangreiche Liste, die ständig ergänzt und aktualisiert wird, bietet der Verifikations- und Nachrichtendienst Bellingcat aus Großbritannien.

Ein paar ausgewählte Plattformen, die für die Verifikation hilfreich sind, sind nachfolgend aufgeführt. Die Links dazu finden sich im Anhang unter den "Links":

Inhalt
Generell ist Mimikama.at, eine Seite aus Österreich, eine gute Quelle zur Überprüfung von Gerüchten und Hoax-Meldungen. Über die Suchfunktion stößt man auf eine Fülle an Meldungen über Hoaxes, Scams und sonstiger Falschmeldungen. Aufgrund der hohen Qualität und der gründlichen Recherchen kann man über die etwas aufdringliche Werbung hinwegsehen. Mimikama ist eine rein private Initiative, die sich nur aus Spenden finanziert – und eben aus den Einnahmen für die Werbung.
Auch die Technische Universität Berlin hat eine Hoax-Seite. Allerdings behandelt diese eher generelle Hoaxes und per E-Mail verschickte Falschmeldungen.
Für englischsprachige Hoaxmeldungen auf Facebook kann auch Facecrooks bemüht werden.
Manchmal ist es auch sinnvoll, bei der postenden Person rückzufragen, woher sie die geposteten Informationen hat.
Eventuell ist es auch hilfreich, die postende Person selber zu recherchieren. Hier hilft generell schon einmal Google. Eine weitere Plattform für die gründliche Recherche der Verfasser von Posts ist Pipl.
Wird in einem Post auf frühere Inhalte Bezug genommen, die womöglich gar nicht mehr auf Anhieb zu finden sind, kann das Internetarchiv "WaybackMachine" eventuell noch helfen. Hier sind auch Seiteninhalte von inzwischen gelöschten Seiten oder Anbietern archiviert.

Fotos
Um den Wahrheitsgehalt von Fotos zu bewerten, bietet sich als Kontrollmedium die Google Bildersuche an. Man zieht einfach das zu

überprüfende Foto in das Eingabefeld. Google bildet dann ab, wo dieses Foto bereits veröffentlicht wurde. Oder es zeigt ähnliche Fotos an.

Ähnliche Funktionen bietet auch z.B. Tineye .

Beide Anwendungen gibt es auch als Erweiterungen für den Google Chrome Browser.

Um möglicherweise Überlagerungen oder nachträgliche Veränderungen an Fotos zu ermitteln, bietet sich Fotoforensics an.

Für die Recherche der EXIF-Daten von Fotos gibt es zahlreiche Anwendungen und Programme. Beispielsweise sei hier die Browsererweiterung EXIF Viewer genannt. Nach Installation genügt ein Rechtsklick auf das Foto. Dann erscheinen die gewünschten EXIF-Daten.

Auch der Sonnenstand und das Wetter können bei Fotos oder Videos wichtige Kriterien zur Verifizierung sein. Beim Wetter liefert der Deutsche Wetterdienst Informationen. Sehr umfangreich und mit vielen Recherchemöglichkeiten versehen ist die Seite der Firma Kachelmannwetter. Auf den Verlauf und Stand der Sonne ist die Seite sonnenverlauf.de spezialisiert. Durch Eingabe von Ort, Datum und Uhrzeit wird der jeweilige Sonnenstand sehr präzise wiedergegeben.

Videos

Für die schnelle Identifizierung von YouTube Videos kann der YouTube Data Viewer von Amnesty International ein interessantes Instrument sein. Gibt man dort den Link des zu verifizierenden Videos ein, erscheinen alle Metadaten wie Urheber, Zeit der Einstellung auf YouTube und weitere Angaben. Zur weiteren Vertiefung der Suche können noch bis zu fünf Standbilder heruntergeladen werden. Diese können dann z.B. über die Google Bildersuche verifiziert werden.

Kein Programm, aber als Browsererweiterung für Google Chrome und Firefox steht für die Verifizierung von Fotos und Videos die Anwendung InVID zur Verfügung.

Generell

Eine sehr interessante Plattform, vor allem, wenn man als Team an der Verifizierung arbeitet, ist Check. In dieser Anwendung wird nach Anlegen des Projekts jeweils der Link zum Post eingegeben und ggf. mit Stichworten versehen. Enthält der Post oder Tweet ein Foto oder Video, kann man direkt von dem Link aus auf die Google Bildersuche gehen, um zu ermitteln, wo dieses Foto oder Video bereits kursiert sein könnte.

Man kann auch bestimmte Aufgaben einem Teampartner zuweisen. Also die Geolokalisierung dem entsprechenden Fachmann oder jemandem mit Ortskunde. Der Status des Projekts (noch nicht begonnen, in Arbeit, verifiziert, unverifiziert) wird zusätzlich auch durch einen Farbcode visualisiert. Teams von bis zu fünf Personen können das Werkzeug kostenlos nutzen.

Fazit:

- Es gibt zahlreiche Möglichkeiten, Falschmeldungen zu identifizieren.
- Oft nimmt die Verifizierung etwas Zeit in Anspruch.
- Es empfiehlt sich, bei einem Einsatz im Team, die Aufgaben "Monitoring" und "Verifizierung" zu trennen.
- Nicht verifizierte Meldungen müssen in einem Lagebericht als solche deutlich gekennzeichnet sein!

Einsatztaktik, Aggregation und Darstellung

Jeder Einsatz ist anders und erfordert eine gewisse Flexibilität. Dennoch kann man auch für die Digitale Einsatzunterstützung eine Grundstruktur festlegen. Wie in der nachfolgenden Abbildung beschrieben, sind zunächst folgende Unterabschnitte denkbar:

- Monitoring
- Verifizierung
- Aggregation
- Mapping
- Spontanhelfer

Während die anderen Funktionen bereits in anderen Kapiteln beschrieben wurden, soll hier noch auf die Aggregation eingegangen werden. Damit ist hier die Art und Weise gemeint, wie die erhobenen Daten gesammelt und aufbereitet werden.

Ist das Monitoringteam fündig geworden und hat einsatzrelevante Informationen gefunden, muss diese zunächst gesammelt werden. Hierfür bietet sich die Form einer Tabelle an. Folgende Spalten sind denkbar:

- Uhrzeit (der Absendung)
- Art des Inhalts (Text, Foto, Video)
- Link (Der Link zum Post / Artikel)
- Evtl. Ortsangabe (ggf. für eine Map)
- Kurze Beschreibung, was zu sehen bzw. zu lesen ist
- Finder/Bearbeiter (ggf. für Rückfragen)

Je nach Auftrag, kann festgelegt werden, ob für jede Kategorie eine eigene Tabelle angelegt wird, oder eine weitere Spalte mit Kategorien angelegt wird. „Kategorien" sind zum Beispiel „Schadensmeldungen", „Hilfegesuche", „Hilfsangebote", „Kritik" (an BOS oder Einsatztaktik), „Gerüchte"…

In der Fülle der Funde und der aufgrund der notwendigen Konzentration auf die Recherche sollte die Verifizierung und Bewertung der Ergebnisse durch ein anderes Team erfolgen. Die Ergebnisse schlagen sich dann in jeweils einer weiteren Spalte nieder. Eine erfolgte Verifizierung wird in einer Spalte vermerkt, die Relevanz für die Lagebeurteilung in einer weiteren Spalte. Auf der Grundlage dieser Vorarbeiten können die Ergebnisse durch die Verbindungsperson aufbereitet und dem Stab präsentiert werden.

Die aktuell komplikationsloseste Form der gemeinsamen Dokumentenbearbeitung ist die via Google. Unter der Bezeichnung „Google Tabellen" lässt sich eine Tabelle erstellen, wie man sie von Excel von Microsoft her kennt. Es lassen sich Bearbeiter einzeln durch ihre Mailadressen hinzufügen oder macht das Bearbeiten dadurch möglich, dass „alle Personen mit dem Link" die Tabelle beschreiben können. Felder, die bereits in Bearbeitung sind, sind für andere farblich umrandet und blockiert. Man muss nur aufpassen, dass nicht versehentlich Eingaben gelöscht werden, die andere bereits gemacht haben.
Um dies zu vermeiden, kann man über die Funktion „Formulare" mit ein paar wenigen Schritten ein Eingabeformular erstellen, und die Ergebnisse dann wieder auf einer Tabelle darstellen lassen. Für die Eingabemaske des Formulars lassen sich auch ganz einfach Listenfelder oder Optionen zum Anklicken auswählen. Das bietet sich zum Beispiel bei den Kategorien (s.o.) an. Eine fertige Tabelle lässt sich später in verschiedenen Formaten herunterladen. Also auch als Excel oder PDF Datei oder im CSV-Format…

Für eine ganz andere Variante der Aggregation steht die Plattform Wakelet. Hier lassen sich Links sammeln, die gleichzeitig auch bildhaft dargestellt werden. So ähnlich wie man es z.B. von Facebook oder Twitter kennt. Das erleichtert die Zuordnung und spart das Ausfüllen der Tabelle, wie oben beschrieben. Leider lassen sich die Links dort nicht mit einem Kommentar versehen. Noch nicht. Wakelet ist noch relativ jung auf dem Markt und sehr aktiv in der Optimierung der Plattform. Auch Wakelet kann durch mehrere Personen gemeinsam bearbeitet werden. Das Ergebnis ist auch als PDF downloadbar.

Fazit:

- Es erleichtert die weitere Bearbeitung enorm, die Ergebnisse des Monitoring strukturiert zu listen.
- Die Aggregation der Ergebnisse sollte ein weiteres Team durchführen.
- Die Aggregation kann, je nach Lage, auch durch die Verbindungsperson durchgeführt werden.

Gegensteuern

Um die Verbreitung von Falschmeldungen oder auch Falschvermutungen zu unterbinden, kann viel Energie nötig sein. Eine aktuelle Studie sagt aus, dass Falschmeldungen eine bis zu 70 % höhere Wahrscheinlichkeit haben, verbreitet zu werden als wahre Nachrichten. Je weiter verbreitet das Gerücht, desto mehr Aufwand ist also nötig, um dieses wieder einzudämmen. Hier hilft "Followerpower" - je mehr, desto besser - und konsequentes Gegenhalten. Wenn möglich, hilft ein Link zu einer offiziellen Seite oder einer Quelle, die die Richtigstellung belegt. Sollte sich eine Fakemeldung hartnäckig halten und verbreiten, kann es sinnvoll sein, ein Team mit dem Gegensteuern zu beauftragen. Dessen Aufgabe ist einerseits das Monitoring nach dieser Meldung und andererseits das direkte Antworten auf solche Posts oder Tweets. Je nach Thematik und Rahmenbedingungen kann dies mit einem "dienstlichen" Account oder (oder und) über das private Profil erfolgen. Eventuell ergibt das Diskussionen. Diese zu führen fällt dann ebenfalls in den Bereich dieses Teams. Dieses Team sollte dann mit einer Liste mit entsprechenden Fakten und Gegenargumenten ausgestattet sein.

Um Gerüchten und Falschmeldungen zuvor zu kommen oder sie zu bekämpfen, erstellt die FEMA bei größeren Schadenslagen in den USA "Rumor Control" genannte Seiten. Was immer an Gerüchten in den Medien und Sozialen Netzwerken auftaucht, wird gesammelt und dort gelistet und bewertet. Im Rahmen des Wirbelsturms Harvey im Jahr 2017 werden z.B. nicht nur Falschmeldungen richtig gestellt, sondern auch das Gerücht bestätigt, dass das Benzin in Florida knapp wird. Auf der Rumor Control Seite für Hurrikan Florence im September 2018 taucht der Ratschlag auf, entgegen anderslautender Gerüchte, Sandsäcke nicht am Strand zu befüllen sondern nur an den offiziellen Ausgabestellen. Das sind nur zwei Beispiele, die das Aufgreifen von und den Umgang mit Gerüchten verdeutlichen sollen.

Fazit:

- Jedes Schadensereignis ist mit der Verbreitung von Gerüchten verbunden.
- Ein frühzeitiges Gegensteuern hilft, die Verbreitung von Falschinformationen einzudämmen.
- Eine gute Informations- und Kommunikationsstrategie beugt der Bildung von Gerüchten vor.
- Nicht jedes Gerücht schadet dem Einsatz oder erfordert ein Gegensteuern.
- Gegensteuern ist nicht primäre Aufgabe eines VOST. Unterstützung ist dabei aber möglich.

Hilfe, die Spontanhelfer!

Für viele Führungskräfte der BOS eine Herausforderung sind Menschen, die sich spontan aufgrund der Aktualität des Ereignisses zur Mithilfe melden bzw. organisieren. Einerseits ein gutes Zeichen, dass es Menschen gibt, denen das Schicksal ihrer Mitmenschen, zumindest in dieser Situation, nicht egal ist. Andererseits besteht das "Risiko", dass die Motivation zu helfen nicht mit der Qualifikation oder Ausrüstung mithält oder die Bereitschaft, sich in eine Hierarchie einzugliedern, nicht immer vorhanden ist.

Die Heranziehung der Bevölkerung zur Unterstützung ist natürlich nichts Neues. Schon von jeher werden Hilfskräfte bei Einsätzen auch spontan durch die Bevölkerung unterstützt. Sei es mit Kaffee, Verpflegung, Bereitstellung von Räumlichkeiten etc. Vor allem in ländlichen Regionen ist das selbstverständlich. Beim großen Elbehochwasser 2003 wurde die Bevölkerung noch per Rundfunk und Fernsehen zur Unterstützung beim Deichbau und Befüllen von Sandsäcken aufgerufen. Und es fanden sich jede Menge Freiwilliger dort ein um zu helfen. Das "Neue" heute ist die Nutzung der sozialen Netzwerke zur Selbstorganisation durch die Helfenden und die damit verbundenen qualitativen und quantitativen Aspekte. Diese erweiterten Möglichkeiten durch die neuen Medien brachten anlässlich der ausgedehnte Hochwasserlage im Sommer 2013 eine Wende in die Mitwirkung und Koordination von „Spontanfreiwilligen".

Von den Überflutungen waren in Deutschland die Gebiete entlang der Elbe am schlimmsten betroffen. Hier koordinierten sich Freiwilligeninitiativen über die Sozialen Medien, hauptsächlich

Facebook. So entstanden dort zahlreiche Seiten und Gruppen zu diesem Thema. Interessante Beobachtung damals: Je konkreter der lokale Bezug, desto mehr "Fans" bzw. "Likes" hatten die entsprechenden Seiten. Also war "Hochwasser Dresden" wesentlich attraktiver als eine allgemein gehaltene Seite "Hochwasserinfo Juni 2013 D-A-CH".

Zahlreiche Freiwillige engagierten sich in der Koordination von Hilfeersuchen und helfenden Personen und in der Verbreitung wichtiger Informationen. Da wurden Wohnzimmer zu "Einsatzzentralen" und Hausfrauen zu Abschnittsleiterinnen. Es wurden Sandsäcke organisiert, Transporte von Menschen und Material, Werkzeug, Sonnenschutz, Insektenschutz und Verpflegung. Nach Tagen und Nächten unermüdlichen Engagements stellte sich dann auch schnell das Problem der Ablösung und "Einsatzübernahme" ein. Auch dies wurde meist gelöst. Hier wurde wirklich tolles geleistet!

In Dresden erstellte ein IT Fachmann eine "Crowdmap" zur Erfassung gesperrter oder unpassierbarer Straßen und geschädigter Verkehrsinfrastruktur. Bei einer solchen Crowdmap braucht es für Anwender keine spezialisierten Kenntnisse. Über eine sehr einfach zu bedienende Eingabemaske kann so eine Karte durch jeden Laien aktualisiert werden.

Leider arbeiteten viele dieser Initiativen parallel zu den Aktivitäten der Hilfsorganisationen, die darauf auch gar nicht vorbereitet waren. Da konnten Berührungs- oder Reibungspunkte natürlich nicht vermieden werden. Wie auch? Das Problem war schlichtweg der Informationsfluss in beide Richtungen. Das brachte dann schon den einen oder anderen Einsatzleiter der Feuerwehr zum Stöhnen und Aussagen wie "Ohje, nicht schon wieder so eine Gruppe von Facebookhelfern!" - was nicht gegen die Freiwilligen spricht, sondern einfach die Überforderung der zitierten Führungskraft mit diesem Ansturm widerspiegelt.
Natürlich gab es auch viele (wenn nicht überwiegend) positive Reaktionen und dickes Lob!

Auch in den folgenden Jahren unterstützten zahlreiche mehr oder weniger spontane Initiativen und Gruppen bei verschiedenen Großschadenslagen die Einsatzkräfte der BOS: Zum Beispiel 2014 nach Starkregen in Münster und nach dem Sturm Ela in Essen. Nicht zu vergessen die zahlreichen Initiativen der Unterstützung im Rahmen der Flüchtlingshilfe ab dem Spätsommer 2015.

Zuletzt bei den Moorbränden in Meppen im Spätsommer 2018 bildete sich eine tolle Initiative von Bürgern, die die Einsatzkräfte unterstützten. Sie nahmen wahr, dass es Einsatzabschnitte gab, in denen die Bereitstellung von Verpflegung noch nicht so recht funktionierte und organisierten diese zunächst spontan, dann bis zum Einsatzende durch eine Facebookgruppe. Aktuell wurde über Aktionen berichtet und jeweiliger Bedarf gepostet. Gegen Ende des Einsatzes war die Einsatzverpflegung durch die BOS geregelt, und in der Gruppe wurde überwiegend noch Bedarf an Süßigkeiten gemeldet. Die Rückmeldungen von Einsatzkräften in der Facebookgruppe zeugten von sehr großer Dankbarkeit. Die Hilfe kam also an.

Derartige Situationen waren der Anlass für viele Organisationen im Bevölkerungsschutz, sich dieses Themas anzunehmen. Beim DRK heißen diese Freiwilligen "Ungebundene Helfer" weil sie sich nicht an eine Hilfsorganisation binden. Sonst finden sich für diese Art der Einsatzunterstützung die Bezeichnungen "Spontanhelfer" oder „Spontanfreiwillige", abgeleitet von der englischen Bezeichnung „Spontaneous Volunteer". Wer sich zu diesem Thema näher informieren will, findet darüber bereits zahlreiche Studien und Veröffentlichungen, die sich im Internet recherchieren lassen. Nachfolgend die Titel einige dieser Projekte ohne überhaupt ansatzweise einen Anspruch auf Vollständigkeit zu erheben! -> INKA, INVOLVE, KOPHIS, K3, PRAKOS, REBEKA, ResOrt …

Das Österreichische Rote Kreuz hat diese Form der Einsatzunterstützung zeitnah aufgenommen und das "Team Österreich" gebildet: Menschen, die sich nicht dauerhaft in einer Hilfsorganisation engagieren können oder wollen, erhalten eine kurze, einführende Grundausbildung und werden mit allen Qualifikationen und Fähigkeiten in einer Datenbank erfasst. Im Einsatzfall können zielgerecht die entsprechenden Qualifikationen abgerufen oder auch breit alarmiert werden. Inzwischen betreibt das Team Österreich auch eine App, die im Falle eines Herz-Kreislauf-Stillstands nachweislich qualifizierte Ersthelfer im Umkreis von 500 m an die Einsatzstelle heranführt, damit diese möglichst schnell mit der Herz-Lungen-Wiederbelebung beginnen können. Bei einem Pilotversuch in Niederösterreich wurden über einen

Zeitraum von 12 Monaten 61 Alarmierungen ausgelöst. Fünf Menschen konnten dabei primär wiederbelebt werden! Das ist eine durchaus beachtliche Bilanz.

In Deutschland haben ein paar DRK Landesverbände diese Idee aufgegriffen und ebenfalls "Teams" gebildet. So sind "Team Bayern", "Team Westfalen" und "Team MV" (für Mecklenburg-Vorpommern) schon hervorragend in den Bevölkerungsschutz eingegliedert. Abseits von Großereignissen werden die Helfer zwischendurch ebenfalls aktiviert. Sei es für kleinere lokale Hilfseinsätze oder auch zur Mitwirkung bei Großübungen. Vom Team Westfalen aus ließen sich auch schon einige Helfer zu einer verbindlicheren Mitwirkung beim Roten Kreuz und im Katastrophenschutz gewinnen.

Die vorgenannte Form der Einbindung von Spontanfreiwilligen ist aus BOS-Sicht sicher die effizienteste, weil die Freiwilligen weitgehend in die Strukturen des Bevölkerungsschutzes eingebunden sind. Wo kein solches "Team" vorhanden ist, oder sich aufgrund der Größe der Lage weitere "Facebookhelfergruppen" bilden, ist eine Digitale Unterstützungsgruppe sicher diejenige, die auch die Koordination der Spontanfreiwilligen übernehmen oder zumindest die wichtige Verbindung zwischen dieser Helfergruppe und dem Führungsstab sicherstellen und aufrechterhalten kann.

Fazit:

- Auch wenn Hilfsorganisationen generell zunehmend mit Personalknappheit zu kämpfen haben, schmälert das nicht die Hilfsbereitschaft der Bevölkerung im konkreten Ereignis.
- Je größer die Aufmerksamkeit in den Medien, desto größer die Anzahl und das Einzugsgebiet von Spontanhelfenden.
- Es ist wichtig, die Zuständigkeit für ungebundene Helfer im Stab zeitnah zu definieren.
- Auch in diesem Bereich hilft eine Digitale Kommunikationsstrategie enorm.

Bevölkerungsinformation

Zahlreiche Hilfsorganisationen und auch immer mehr Behörden sind inzwischen in den Sozialen Netzwerken vertreten. Bei vielen beschränkt sich dieses Engagement auf das Betreiben einer Facebookseite. Das ist auch schon einmal ein guter Anfang, weil Facebook derzeit in Deutschland immer noch das am häufigsten genutzte Soziale Netzwerk ist. Wichtig für die Krise ist natürlich, dass die Seite bekannt ist und bereits in „Nichtkrisenzeiten" von vielen Bürgern im Gebiet abonniert wird. Auf Facebook sollte für ein jeweils aktuelles Erscheinen der Meldungen auf der Timeline der Abonnenten, von diesen die Seite als "zuerst anzeigen" festgelegt werden. Da diese Option für die Nutzer auf jeweils 20 Seiten beschränkt ist, ist es wichtig, auch außerhalb von Krisen und Katastrophen aktuelle und interessante Inhalte zu posten. Das können Tipps zur Sicherheit, zur Selbst- oder Ersten Hilfe oder ähnliche Hinweise sein. Hilfsorganisationen berichten in ihren Posts auch gerne über Einsätze oder besondere Übungen.

Hie und da mit den Adressaten in Kommunikation zu treten, ist manchmal einerseits recht interessant und hilft andererseits, die Abonnenten besser an die Seite zu binden. Die Aufforderung "Bitte teilen" hilft eher selten, die Abonnenten zu aktivieren. Oft sind Fragen hilfreich wie "Bei wem ist das Unwetter schon?" oder "Wer konnte letzte Nacht wegen des Gewitters auch nicht schlafen?". Menschen erzählen gerne - auch im Internet.

Für eine Großschadens- oder Katastrophenlage kann es Sinn machen, eine spezielle Facebookseite einzurichten. "Hochwasser Bad Übungsstadt" oder "Norovirus im Landkreis" oder ähnliches. Das hat den Vorteil, dass alle relevanten Informationen zum Ereignis auf dieser Seite zu finden sind. Durch das Benennen von Redakteuren können alle betroffenen BOS auf dieser Seite posten. Auf der Seite "Hochwasser Musterstadt" wären dann u.a. folgende Posts denkbar:

- Die **Feuerwehr** Bad Übungsstadt berichtet über ihre Arbeit und die Zahl der Pumpstellen.
- Die **DLRG** gibt bekannt, wann und wo Boote ins überflutete Musterviertel fahren.
- Die **Polizei** zeigt aktuelle Sperrungen an.
- Das **THW** berichtet über die eingesetzten Pumpen und sucht Helfer zur Befüllung von Sandsäcken.
- Die Hilfsorganisationen (**ASB, DRK, JUH, MHD**) erstellen eine Karte in der Anlaufstellen, Notunterkünfte, Verpflegungsstellen, Auflademöglichkeiten für Handys etc. verzeichnet sind und posten sie auf der Seite.
- Das **Ordnungsamt** Bad Übungsstadt macht die verfügte Ausgangssperre ab 22:00 Uhr bekannt und erläutert diese.
- Das **Wasserwirtschaftsamt** kann zum Status des Trinkwassers informieren.
- Das **Gesundheitsamt** klärt über Gesundheitsgefahren in den Notunterkünften auf und informiert über einen aufgetretenen Fall von Windpocken in der Notunterkunft "Turnhalle Realschule"...

An dieser Stelle sei nochmals dezidiert darauf hingewiesen, dass solch eine Seite im Ereignisfall möglichst rund um die Uhr überwacht werden sollte!

Inzwischen haben auch viele BOS zusätzlich zum Facebookauftritt einen Twitter Account. Über dieses Medium können kurze Nachrichten und Hinweise recht schnell und effizient verbreitet werden. Da die Tweets wesentlich leichter recherchierbar sind, wird Twitter auch gerne durch und für die Presse genutzt. Eine gute Informationspolitik hilft bei größeren Einsätzen enorm. Man sollte sich allerdings einigen, wer bei einem größeren Ereignis die Informationen hauptsächlich publiziert. Das dürfte sehr oft die Polizei sein, kann aber auch einmal durch eine Feuerwehr übernommen werden. Ein sehr gutes Beispiel dafür lieferte die Feuerwehr Meerbusch über Twitter, als dort in den Abendstunden des 11.12.2017 zwei Züge zusammenstießen. Über ihren Twitterkanal lieferte die Feuerwehr in recht kurzen Abständen jeweils aktuelle

Informationen. Jede aktuelle Erkenntnis (sofern sie publizierbar war) und Maßnahme wurde zeitnah gepostet. Hier war natürlich der Informationsgehalt wichtig. Mit transportiert wurde aber auch das Gefühl, dass hier eine Feuerwehr voll an der Arbeit ist und alles Menschenmögliche tut, um die betroffenen Menschen aus dem Zug zu befreien und sie einer adäquaten Versorgung zuzuführen. Eine derart vorbildliche Informationspolitik liefert inzwischen so manche BOS, ist aber in dieser Konsequenz leider noch die Ausnahme. Die Polizeien mischen da inzwischen schon sehr gut mit und auch viele große Berufsfeuerwehren. Aber auch kleinere Feuerwehren oder Untergliederungen der Hilfsorganisationen leisten hier sehr viel und gute Arbeit!

Auch bei Twitter gilt: Je mehr Follower eine BOS im Vorfeld hat, desto besser verbreitet sich in einer Krisenlage die Botschaft. Die Feuerwehr Meerbusch hatte während des Zugunglücks einen unglaublichen Zuwachs an Followern. Inzwischen ist er wieder zurückgegangen. Wobei die überregionalen Follower bei einer lokalen Hilfsorganisation im Alltag eh keinen großen Nutzen aus den lokalen Meldungen ziehen. Man darf die Anzahl der Follower also nicht überbewerten.

Wie im Beispiel oben erwähnt, hilft auch manchmal die bildliche Darstellung von Informationen, z.B. in Form einer Karte. Das Amerikanische Rote Kreuz verlinkt auf seiner Homepage zu einer "Shelter Map" also einer Karte für Notunterkünfte. Dort ist auch verzeichnet, welche Notunterkünfte für Behinderte geeignet sind oder wo Tiere Platz finden.

Die Nutzungsmöglichkeiten für Karten sind vielfältig:

- Straßensperrungen
- Essens- oder Wasserausgabestellen
- Wärme- / Kältestuben
- Standorte von Unfallhilfsstellen
- Tankstellen, die (noch) Sprit haben
- Geldautomaten oder Ausgabestellen der Banken / Sparkassen
- …

Natürlich lassen sich zur Bevölkerungsinformation auch Videos erstellen und verteilen. Fotostrecken auf Flickr oder eine Galerie auf der Homepage oder auf Facebook können die Lage sichtbar machen. Wenn eine BOS einen gut laufenden Instagram Account hat, können hier auch Fotos publiziert werden. Hier ist aber die Grenze zwischen Bevölkerungsinformation und Öffentlichkeitsarbeit sehr fließend. Wobei das nicht schlimm ist und durchaus miteinander verknüpft werden kann.

Achtung! <u>Bevölkerungsinformation ist und bleibt Sache der BOS!</u>

Ein VOST sollte nur in ganz seltenen Ausnahmefällen und in Absprache mit Verantwortlichen aus der Einsatzleitung bzw. dem Stab in der Bevölkerungsinformation aktiv werden! Das Weiterleiten oder Retweeten von offizieller Information kann über einen eigenen Account natürlich erfolgen.

Fazit:

- Bevölkerungsinformation ist eine hoheitliche Aufgabe und nur ausnahmsweise durch Digitale Freiwillige wahrzunehmen.
- Auch und gerade in der Bevölkerungsinformation haben Soziale Netzwerke den Vorteil, dass sie weit verbreitet sind.
- Soziale Medien bieten auch den Vorteil der Interaktion
- Aufgrund der Möglichkeit der Interaktion erfordert jeder Social Media Auftritt auch ein Monitoring der Kommentare

Trolle - Füttern verboten!

Soziale Netzwerke tragen die Bezeichnung "sozial" weil dort Menschen miteinander kommunizieren. Das macht natürlich auch vor Posts, die Einsätze betreffen, nicht Halt. Hat man also die Aufgabe übernommen, Profile auf Facebook oder Twitter zu überwachen, kann man nicht nur Lob und Dank erwarten. Wie im richtigen Leben auch, findet sich immer jemand, der Kritik übt. Das ist im Prinzip berechtigt und richtig, gehört aber oftmals moderiert. Die schlimmsten Kritiker sind leider oft die aus den eigenen Reihen! Beim Feuer im Europapark am 27.05.2018 erklärten sich Feuerwehrangehörige aus halb Baden-Württemberg bereit, in Rust auszuhelfen und taten ihr Unverständnis kund, dass sie immer noch nicht alarmiert wurden. Es ergaben sich "interessante" Diskussionen. Da hätten manche mit dem Löschzug die 80 km in unter einer Stunde geschafft ("Unser HLF fährt schließlich 120 km/h!"…) Manche Diskussionsteilnehmer sind einsichtig, manche nicht. Aber auch das unterscheidet sich nicht vom echten Leben. Nur die Vehemenz ist im Internet oft wesentlich stärker! Man muss nur aufpassen, sich nicht mitreißen zu lassen.

Auch das Posten von Fotos hat vielfach heftige Diskussionen zur Folge: Es fehlt ein Teil der Persönlichen Schutzausrüstung oder sie ist falsch angelegt, es steht ein Fahrzeug anders als man das in der Ausbildung gelernt hat - und schon wird kritisiert und diskutiert. Und das oft in einem sehr üblen oder arroganten Ton.

Richtig nervig können Trolle sein. Als Trolle werden Menschen bezeichnet, die Kommentare lediglich posten, um eine Organisation oder eine Gruppe schlecht zu machen bzw. in der Diskussion zu provozieren. Sie wollen ihre Meinung keinesfalls ändern, egal wie gut man dagegen kommentiert. Manche haben schlechte Erfahrungen mit der Firma oder Organisation gemacht, manche haben einfach Freude an der Provokation und der damit verbundenen Aufmerksamkeit. Im Alltagsbetrieb kann man auf dem Facebookauftritt der Bundesregierung unter den Kommentatoren regelmäßig Trolle feststellen - und einiges zum Thema des Umgangs mit Kommentaren lernen. Trolle sind im Bevölkerungsschutz oftmals ehemalige Helfer, die aus irgendwelchen Gründen nicht mehr Mitglied der Organisation sind. Dazu kommt eine entsprechende narzisstische Persönlichkeitsstruktur - und fertig ist der Troll.

Die Disaster Digital Volunteers des ARC werden regelmäßig mit denselben Fragen bzw. Anschuldigungen konfrontiert. Es geht fast immer um die Verwendung von Spendengeldern, das Einkommen der Generalsekretärin und das Prinzip, Spenden nur in finanzieller Form entgegen zu nehmen. (Mit Geld kann flexibler auf die wirklichen Nöte der Menschen eingegangen werden. Die Entgegennahme, Sortierung, Lagerung und Ausgabe von gebrauchten Gegenständen oder Kleidung ist enorm aufwendig.) Natürlich werden die Digital Volunteers mit den entsprechenden Informationen versehen, um den Beschuldigungen mit Fakten begegnen zu können. In den Diskussionen gilt es dann, herauszufinden, ob die Gegenargumente wirklich ernst gemeint oder nur zum Trollen gedacht sind. In der internen Facebookgruppe werden entsprechende Erfahrungen ausgetauscht und die Trolle benannt. Es reicht ja, wenn ein Volunteer versucht, den vermeintlichen Kritiker zu überzeugen und nicht mehrere damit ihre Zeit vergeuden.

Einen etwas aufwendigen aber höchst effizienten Ansatz fuhren die Freiwilligen der Initiative „Münchner Freiwillige" im Rahmen der Flüchtlingshilfe im Herbst 2015: Sie machten sich die Mühe, ein paar trollende Kommentatoren zu recherchieren und riefen diese dann an. So konfrontiert, konnten die Trollkommentare zukünftig nicht nur unterbunden werden, sondern die „Ex-Trolle" brachten danach auch andere Trolle zum Schweigen!

Ich habe für den Umgang mit Kommentaren einmal die "**WARTEN**-Regel" erstellt. Die sechs Buchstaben stehen für

W ERTSCHÄTZUNG

Ganz wichtig! Es geht immer um Menschen, und man kann diese durch Wertschätzung oft für sich gewinnen. Selbst bei übler Kritik kann ein "Danke, dass sie sich so intensiv mit unserer Organisation beschäftigen" oder "Vielen Dank für ihre engagierte Äußerung"... Wunder wirken. Auch ein "Es tut mir leid, dass sie diese Erfahrung machen mussten..." kann positiv wirken. Bei der Benutzung von Standardformulierungen bitte auch möglichst etwas Persönliches einfließen lassen! Wenn man der Standardformulierung anmerkt, dass sie eine ist, fühlt sich der Angesprochene eher veräppelt als wertgeschätzt.

A nalyse des Problems

Wer auf einen Post oder Tweet kritisch reagiert, tut dies sehr oft aus einem persönlichen Erlebnis oder einer persönlichen Betroffenheit heraus. Wie "im richtigen Leben" auch, hilft es, dies herauszufinden. Eventuell führt hier konkretes Nachfragen eher zum Erfolg als eine bloße Erwiderung mit Gegenargumenten.

R uhe bewahren / gönnen

Allgemein ist der Ton in den Sozialen Netzwerken sehr emotional geprägt. Sachliche Diskussionen, wie man sie vielleicht aus Foren kennt, sind sehr oft nicht möglich. Kritik wird sehr schnell persönlich genommen bzw. führt zu Gegenattacken. Hier gilt es, sich nicht mit solch einem emotionalen Strudel mitreißen zu lassen. Es ist durchaus menschlich, wenn man sich mit zu viel Negativem auseinandersetzen muss, selber aggressiv zu werden. Hier ist eine gesunde Selbstbeobachtung wichtig! Kaum ein Negativkommentar muss zeitnah erwidert werden. Warum also nicht einmal eine Pause einlegen, sich mit etwas Angenehmem oder Wohltuenden befassen, um dann, erholt, die Diskussion wieder aufzunehmen? Davon haben alle etwas und am meisten man selber. Und das ist immer das Wichtigste.

T rolle identifizieren

Nicht jeder, der Kritik übt, ist ein Troll. Mit der Zeit merkt man dann allerdings schon, wer an einem Austausch von Argumenten interessiert ist und wer einfach nur trollen will. Ob man die Diskussion einfach beendet oder die Person sperrt, muss individuell entschieden werden.

E rnsthaft bleiben (kein Spott o.ä.)

Auch wenn mancher Kommentar noch so dämlich erscheint, sollte der Ton ernsthaft bleiben. Witze und Ironie können sehr leicht missverstanden werden. Noch problematischer ist Sarkasmus. Eine gute und humorvolle Reaktion kann aber durchaus auch viele Sympathien wecken. Dies aber eher nicht im Zusammenhang mit Katastrophenlagen!

N ervige Typen sperren

Zum richtigen Umgang mit Trollen und unpassenden Kommentaren gehört auch durchaus der Mut, Kommentare zu löschen oder User zu sperren! Diskussionen und kontroverse Meinungen dürfen natürlich sein und stehen bleiben. Hetzerische oder konstant destruktive Inhalte dürfen aber auch gelöscht werden. Natürlich setzt man sich vor allem als Betreiber von Seiten der gelöschten Kommentatoren der Kritik der "Zensur" aus. Aber bei aller Meinungsfreiheit: Man muss sich seine Posts, die in der Regel ja auch Teil der Öffentlichkeitsarbeit sind, nicht durch unangebrachte Kommentare zerstören lassen. Und als Betreiber einer Seite oder Administrator einer Gruppe darf man durchaus auch sozusagen sein virtuelles Hausrecht ausüben.

Fazit:

- Trolle sind nervig aber nicht immer zu vermeiden.
- Nicht jeder Gegenkommentar ist Werk eines Trolls.
- Immer freundlich bleiben!
- Falls das nicht möglich ist, jemanden anderen antworten lassen oder vor der Beantwortung eine Pause einlegen.
- Man darf auch ein "Digitales Hausrecht" ausüben und Trolle sperren.

Eigenschutz beachten!

Digitale Einsatzunterstützung ist toll, macht viel Freude und bringt Enormes an Wissen und Erfahrung. Und man kann Menschen helfen! Abgesehen von zahlreichen interessanten Kontakten, die sich dabei ergeben.

Wie in allen Bereichen des sozialen Engagements ist es aber auch hier wichtig, auf sich selber zu achten. Zwischendurch mal aufstehen, weg vom Bildschirm, durchatmen, sich bewegen, die Augen entlasten…. Also alles, was für eine verantwortungsbewusste Bildschirmarbeit an sich schon wichtig ist.

Darüber hinaus kommt man auch in der virtuellen Begleitung von Krisen mit viel Leid und Ausnahmesituationen in Berührung. Davon bleibt auch die eigene Psyche nicht unberührt. Es ist daher sehr wichtig, auf sich selber zu achten. Beim Amerikanischen Roten Kreuz wurden die Schichten der Digital Volunteers jeweils auf vier Stunden festgelegt. Das hat sich ganz gut bewährt. Schon alleine wegen der Konzentrationsfähigkeit.

Der Personal- und Zeitansatz ist natürlich auch immer lageabhängig: Ein Wirbelsturm oder ein Sturmtief kündigt sich ein paar Tage vorher an. Dasselbe gilt für viele Hochwasserlagen. Hier ist also mehr Zeit vorhanden, die Ressourcen zu planen. Sowohl für das Team aber auch jede Einsatzkraft für sich selber. Hier sind Schichtpläne möglich, die auch ausreichend Pausen- und Ruhezeiten für die Einsatzkräfte berücksichtigen.

Ein plötzliches Ereignis, wie ein Feuer, eine Explosion, eine Springflut oder ein Erdbeben erfordern von Anfang an zunächst viel und konzentrierte Aufmerksamkeit. Gegen später braucht es dann meistens nicht mehr so viele Kräfte.

Auch inhaltlich können Digitale Freiwillige mit vielen belastenden Situationen konfrontiert werden:
Ereignisse mit zahlreichen Toten und Verletzten belasten auch, wenn man sich digital in der Bewältigung engagiert. Vor allem wenn Fotos oder Videos ausgewertet werden müssen.
Auch wenn man Einzelschicksalen folgt oder Menschen intensiv betreut, kann das tiefgehen.
Polizeilagen wie Attentate, soziale Unruhen oder Demonstrationen können ebenfalls seelisch sehr beanspruchen. Neben den Auswirkungen ist man im Internet hier mit sehr vielen Gerüchten, Halbwahrheiten, Hetze, Anschuldigungen, Parolen und unangemessenem Sarkasmus konfrontiert.

Vor allem Leitungskräften sei es ans Herz gelegt, auch in dieser Hinsicht auf ihre Teammitglieder zu achten. Einsatznachbesprechungen oder Einzelgespräche nach Einsätzen sollten selbstverständlich sein. Aber auch in der Vorbereitung und während des Einsatzes ist darauf zu achten, dass Schichtzeiten eingehalten werden und Helfer sich nicht übernehmen. Und zwischendurch ein Zeichen der Wertschätzung, ein kleines Lob oder Ähnliches sind immer ein enormer "Energielieferant". Sozusagen ein "virtuelles Schulterklopfen". Zwischendurch eingestreute Cartoons oder Spaßvideos können ebenfalls entlastend wirken. Zur Not kommen auch Katzenvideos meist gut an. Natürlich alles zu seiner Zeit und in Maßen...

Wieder einmal unterscheidet sich hier das Digitale nicht vom "Richtigen Leben": Helfen macht überwiegend Freude und tut Helfenden wie Empfängern der Hilfe gut! Und genau deshalb ist es wichtig, als Helfer auch auf sich selbst zu achten.

Fazit:

- Auch virtuelle Einsatzunterstützung belastet den realen Menschen.
- Wichtig ist:
    - Zeitplanung
    - Ressourcenplanung
    - Selbstbeobachtung
    - Kommunikation mit anderen Teammitgliedern
    - Einsatznachbesprechung / Debriefing

Die Illusion der Wirkung Sozialer Netzwerke

Soziale Netzwerke sind selbstverständlicher Bestandteil unseres Lebens geworden. Für viele Menschen ist diese Virtualität schon so real, dass sie darüber gar nicht mehr hinausdenken. Es ist so normal geworden, sein Leben zu dokumentieren und zu posten. Selbstverständlich mit Fotos untermauert: Hier ein Selfie, da einen Sonnenaufgang, Katzenvideos dürfen auch nicht fehlen und, nicht zu vergessen, die leckere Pizza beim Italiener im Nachbarort. Man fährt zurück und, BAMM! - da ist soeben ein schwerer Verkehrsunfall passiert! Es ist noch kein Rettungsdienst alarmiert, aber die Szenerie ist einfach zu bizarr, als dass man sie nicht mit seinen Social Media Freunden und Followern teilen wollen würde. Also wird draufgehalten: Die schweren Verletzungen, Menschen in Angst und Schmerzen... Vielleicht haben die Unfallbeteiligten Glück und jemand anders setzt einen Notruf ab! Für unseren (fiktiven und leider doch real vorkommenden) Social Media Nerd ist das toll, denn jetzt "verzieren" zuckende Blaulichter und die Umfeldbeleuchtung der Rettungsfahrzeuge seine Aufnahmen...

Wir aus den BOS müssen uns schlichtweg bewusst sein, dass Menschen aktuell so agieren und reagieren:
Im August 2018 machte in Schleswig-Holstein ein solcher Fall Schlagzeilen. Über einen schweren Verkehrsunfall war ca. 15 Minuten vor Eingang des Notrufs bereits auf Facebook gepostet worden!
Ähnliches passierte im Frühsommer 2018 in Süddeutschland bei einem Dachstuhlbrand im Ortskern einer Kleinstadt. Videos vom

brennenden Dachstuhl waren ebenfalls schon mehrere Minuten vor Auslösung des Notrufs im Internet zu finden.

Die Zahl (immer gut gemeinter) Warnungen via Sozialer Netzwerke nimmt zu. Die Menschen vergessen dabei, dass die Straf- und Ordnungsbehörden kein Facebookmonitoring betreiben. Ein Fall der nicht angezeigt wird, ist dort auch nicht existent. Fragt man die Urheber der Posts nach einer erfolgten Anzeige, erhält man meist Antworten wie "Ich habe das nur gehört. Ich denke aber schon, dass die das angezeigt haben." "Ich selber weiß nichts davon, aber zwei Bekannte. Da warne ich doch vorsichtshalber. Es könnte ja was dran sein." …

Auch regelmäßig wiederkehrende Hoaxes gehören zu diesen Warnungen. Immer wieder taucht der "weiße Lieferwagen" auf, aus dem wahlweise Kinder angesprochen oder Tiere entführt werden. Vor der Gruppe "Kinder sind toll" in der angeblich Pädophile an Kinderfotos kommen wollen wird ebenso gewarnt, wie vor "bösen Hackern, die alles zerstören". Und wenn drinsteht, dass es "auf RTL und im Radio" gesendet wurde, klingt das gleich noch glaubhafter. Leider sind diese Meldungen nicht auszurotten. Oft auch "weil ja was dran sein könnte" und Menschen deswegen "vorsichtshalber lieber teilen".

Internetnutzer machen sich auch immer weniger die Mühe, Dinge selber zu recherchieren. Viel bequemer ist es doch, in der entsprechenden Gruppe eine Antwort zu erfragen. Auch wenn es eine Frage ist, die öfter in dieser Gruppe auftaucht. "Ich weiß, es wurde schon gefragt, aber…"

Etwas fassungslos machte mich dieser Tage eine Begebenheit, die aber bezeichnend für den o.g. Trend ist: Nachdem ein Passant einen Alarmempfänger des Rettungsdienstes gefunden hatte, der bei einem Einsatz verloren gegangen war, postete er diesen auf Facebook. Ich bin ja nun in der Gegend kein Unbekannter. So wurde ich acht mal getagged (also markiert)! Ein Anruf auf der Rettungswache oder Leitstelle hätte genügt, und das Teil wäre abgeholt worden. So wurde es zwar auch abgeholt, aber zig Menschen in dieses Vorkommnis mit einbezogen. Und der Post wurde nicht gelöscht. So wurde die Meldung auch am nächsten Tag weiter geteilt und ich weiter getagged.

Auch wenn in allen Social Media Profilen der BOS steht, dass Notrufe über das Telefon laufen sollen, so schwindet genau das im Bewusstsein der Bevölkerung. Man meint, mit dem Teilen eines Posts (oder dem Posten selber) die Welt zu retten und wirkungsvoll zu helfen. Wählt man den Notruf, muss man sich eventuell Fragen stellen, auf die man nicht vorbereitet ist. Das passiert auf Facebook natürlich nicht. Außer es kommt Kritik von "pösenpösen" Zeitgenossen.

Fazit:

- Soziale Netzwerke sind für viele Menschen fester und selbstverständlicher Bestandteil ihres Lebens.
- Auch „Gaffervideos" entstehen aus diesem Grund.
- Die Bereitschaft, Inhalte kritisch zu überprüfen, ist sehr oft nicht vorhanden.
- Menschen suchen oft im Internet nach Hilfe, recherchieren aber oftmals nicht selber.
- Lass dich nicht manipulieren! Denk und handle selber!

Ratschläge vom Profi

Mary Jo Flynn-Nevins ist eine Katastrophenschützerin in Sacramento, Kalifornien. Nach einem größeren Ereignis im August 2018, ließ sie einmal ihrer Frustration freien Lauf und stellte eine, meiner Meinung nach hervorragende Liste mit Ratschlägen zusammen, die man bedenken sollte, wenn man mit einem BOS Account in den Sozialen Netzwerken vertreten ist.

Kappe alle Verbindungen zwischen Sozialen Netzwerken.

Jedes Netzwerk funktioniert anders. Auf Facebook kann man Links auch ohne einen Kommentar verschicken, weil Facebook eine Vorschau abbildet. Mit der Einstellung des automatischen Teilens auch auf Twitter erscheint dort dann nur der Link. Das behindert die Bereitschaft, den Link zu betätigen oder es legt sogar den Verdacht nahe, dass es sich um einen betrügerischen Link handelt, der zu einer Spam- oder einer mit Viren belasteten Seite führt.

Mache eine Inventur deiner Social Media Profile.

Manchmal hat jemand ein Profil einer Organisation angelegt, das dann aber doch nicht weitergeführt wurde. Oder es wurde ein neues Profil angelegt, weil sich keiner mehr an das Passwort des bisherigen erinnern konnte oder was auch immer. Da sich diese Profile aber immer noch finden lassen, sorgt das ggf. nur für unnötige Verwirrung. Es ist nur ein wenig Arbeit, die sich aber lohnt. Also einfach weg damit!

Recherchiere die Profile anderer BOS

Es kann sehr hilfreich sein, zu wissen, wer genau hinter dem Profil einer BOS steckt. Auch die Telefonnummer zur verantwortlichen Person hinter dem Account kann hilfreich sein. Im Bedarfsfall können so Aussagen und Informationen, die gepostet werden, abgestimmt werden.

Überprüfe, wo Informationen über deine Social Media Profile publiziert sind.

Es kommt doch immer wieder vor, dass Verweise auf die Social Media Kanäle auf veraltete Profile oder gar ins Leere führen.

Überprüfe einen Link, vor dem Abschicken des Posts.

Das ist so einfach und doch so wichtig! Was im Alltag nur peinlich ist, kann im Zusammenhang mit Katastrophenlagen fatal sein. Es ist nur ein Klick! Wichtig ist auch, durch die IT-Verantwortlichen sicher zu stellen, dass die eigene Website die Kapazitäten für viele Zugriffe hat.

Definiere die Informationswege

Es ist gut, sich auf einen Haupt-Informationskanal zu einigen, der die Bevölkerungsinformation übernimmt. Alle anderen Profile zitieren und verweisen auf den Hauptkanal.

Besprich dich regelmäßig mit den anderen Öffentlichkeitsarbeitern

Mindestens zu jedem Schichtbeginn sollte eine kurze Abstimmung mit den Partnerorganisationen erfolgen. Hier sollte auch besprochen werden, wer welche Informationen herausgibt. Den Hauptkanal wird meistens die Polizei stellen. Eventuell macht es aber Sinn, Themen aufzuteilen: Bei einem Gefahrgutereignis informiert zum Beispiel sinnvollerweise die Feuerwehr über den Gefahrstoff und die Hilfsorganisationen über Verletzte oder Vorsichtsmaßnahmen. Abstimmungen sind hier aber unerlässlich!

<u>Vermeide ein Informationsvakuum!</u>

Wenn die Informationen nicht konstant, aktuell und zuverlässig fließen, werden sich die Menschen andere Möglichkeiten der Informationsbeschaffung erschließen. Das schafft den Nährboden für Gerüchte. Deshalb ist es wichtig, in jeder Hinsicht zuverlässig zu informieren: Zeitnah, regelmäßig, wahrheitsgemäß und so umfassend wie es die Lage zulässt.

Blick über den Tellerrand: Internationale Zusammenarbeit

Wie im Vorwort und in einigen Kapiteln bereits beschrieben, gibt es auch international verschiedene Digitale Initiativen und Gruppen, die bei Katastrophensituationen aktiv werden bzw. den operativ tätigen Kräften vor Ort zur Verfügung stehen. Ein großer Teil davon ist unter dem Dach der UN OCHA im Digital Humanitarian Network (DHN) zusammengeschlossen. Ein paar der zahlreichen, dort zu findenden Organisationen und ihre Tätigkeitsschwerpunkte sollen nachfolgend kurz beschrieben werden.

Es finden sich dort diverse Mapping-Organisationen wie u.a. MapAction, CartONG und die bereits erwähnten Ushahidi und HOTOSM aber auch das Unternehmen Esri. Unter dem Dach der CrisisMappers sind diese Gruppierungen ebenfalls zusammengeschlossen. Eng damit verbunden sind auch die verschiedenen technisch bzw. IT-orientierten Gruppen wie die Geeks without Bonds oder Crisis Commons. NetHope als Unternehmen unterstützt hier ebenfalls.

Auf Monitoring und Crowdsourcing spezialisierte Netzwerke sind Humanity Road und die Standby Task Force (SBTF). Diese werden oft von Translators Without Borders (TWOB) unterstützt. Das ist ein Netzwerk aus Übersetzern, die schon in zahlreichen Krisen wertvolle Unterstützung liefern konnten.

Für Unterstützung hinsichtlich demografischer Daten und Statistiken können u.a. DataKind oder Digital Globe angefragt werden. Speziell für die statistische Aufbereitung eines Einsatzes stehen Statistics Without Borders (SWB) zur Verfügung.

Für die Versorgung mit Hardware vor Ort sind dort auch noch Relief 2.0 oder die irische Disaster Tech Lab aufgeführt. Diese kommen auf Anforderung vor Ort um eine tragfähige Infrastruktur zu errichten.

Zusammenfassend: Für fast alles, was die Einsatzkräfte vor Ort in Sachen Information, Dokumentation, Kommunikation und Wissen benötigen gibt es dort mindestens einen Problemlöser. Menschen, die zumeist nicht direkt aus dem Bevölkerungsschutz kommen, bringen hier ihr Spezialwissen ein, um Hilfsorganisationen zu unterstützen. Auf der DHN Homepage befindet sich rechts ein Auswahlfeld "Activate DHN", das zu einem Fragebogen führt. Ist dieser ausgefüllt und abgeschickt, wird die Anfrage im gemeinsamen Skypefenster des DHN kurz vorgestellt. Organisationen, die sie bedienen können, sprechen sich ab und übernehmen ggf. den Auftrag.

Die EU und die UNO unterhalten gemeinsam mit Behörden und Hilfsorganisationen eine Koordinations- und Kommunikationsplattform, genannt Virtual OSOCC. Hier wird bei größeren Lagen ein Einsatz angelegt und aktuelle Lageberichte eingebracht. Es gibt die Möglichkeit, den Einsatz in Einsatzabschnitte zu unterteilen. Und auch für Fragen und Abstimmungen ist dort Platz. Das Virtual OSOCC kann auch für Übungen genutzt werden.

Auch die verschiedenen Virtual Operations Support Teams sind untereinander vernetzt. Wie in Kapitel 3 bereits erwähnt, kooperieren die VOSTs europaweit unter der Koordination von VOST.eu und weltweit unter der Virtual Operations Support Group, VOSG. Beide Dachorganisationen haben, wie auch das DHN, lediglich eine Vernetzungsfunktion. Wie die Teams vor Ort bzw. in ihrem Land arbeiten, ist weder vorgeschrieben noch wird es überwacht oder gelenkt.

Wer an einem internationalen Erfahrungsaustausch interessiert ist, kann sich jeden Freitag von 18:30 – 19:30 Uhr auf Twitter am #smemchat beteiligen. Da werden Fachfragen aus dem Bereich der Sozialen Medien in Krisen auf Englisch diskutiert. Man kann die Diskussionen auch nur verfolgen indem man den Hashtag #smem recherchiert.

DANKE!

Das muss einfach noch sein: Viele Menschen haben mir ermöglicht, dieses Buch überhaupt geschrieben werden konnte. Vermutlich vergesse ich ein paar davon, aber das Risiko gehe ich ein.

Der größte Dank geht natürlich an meine Frau Elli! Sie trägt und erträgt meine Leidenschaft, "die Welt retten" zu wollen seit nunmehr fast zwanzig Jahren! Wie oft ist sie mit ihren persönlichen Wünschen und Bedürfnissen zurückgestanden, um mir mein Engagement zu ermöglichen. DANKE!

Ein ganz dickes **Danke** geht an Markus Medinger für die tolle Zusammenarbeit in zwei VOSTs, die zahlreichen fachlichen und persönlichen Inputs, die tollen Links zu den Verifizierungsanwendungen – und, darüber hinaus, die Freundschaft! Die meisten der Verifizierungstools habe ich bei ihm kennengelernt!

Danke an die haupt- und ehrenamtlichen Kräfte im DRK Kreisverband Säckingen, die mir immer zur Seite standen und diverse Fortbildungen und Einsätze ermöglicht haben.

Danke an Chris Thompson und Catherine Graham von Humanity Road, die mir die ersten Grundlagen Digitaler Einsatzunterstützung näherbrachten.

Danke an Wendy Harman und Gloria Huang für die Möglichkeit, mich beim Amerikanischen Roten Kreuz digital zu engagieren und hier wertvolle Erfahrungen zu sammeln!

Danke an Franz Petter und Jürgen Albiez und die, die bei und für VOST112 interessante Ideen und Feldversuche mitgestaltet haben.

Danke an das Team von DGSMtech und das THW, die die Voraussetzungen und den Rahmen für VOSTde geschaffen haben. VOSTde ist ein tolles Team geworden - und wird es auch in der weiteren Entwicklung und im weiteren Wachstum sein.

Danke an Prof. Dr. Hermann Schröder für das sehr engagiert ausgearbeitete und wohltuende Vorwort. Außerdem für die stets konstruktive Zusammenarbeit und für seinen Mut und die Initiative, mich mit dem Aufbau des VOSTbw zu beauftragen.

Danke auch an das Team des Ministeriums für Inneres, Digitalisierung und Migration Baden-Württemberg für die tolle Zusammenarbeit! Auch VOSTbw wächst gerade zu einem richtig guten Team heran!

Danke an die wertvollen Menschen in meinem Umfeld, die hinter mir stehen, mich unterstützen und mich ermutigt haben, dieses Buch zu schreiben.

Das wichtigste DANKE geht aber an alle, die sich im Bevölkerungsschutz engagieren - oder einfach um die Welt ein bisschen besser zu machen! Egal in welcher Form: DANKE!!!

Formulare und Checklisten

Checkliste Verifizierung

<u>Generell:</u>
Ursprung: Handelt es sich um die Originalmeldung?
Quelle: Wer hat den Inhalt hochgeladen?
Datum: Wann wurde der Inhalt erstellt?
Ort: Wo wurde der Inhalt erstellt? Von wo wurde er gepostet?
Taucht diese Information mehrfach auf?

<u>"Beachte die Quelle"</u>
Ist die Quelle vertrauenswürdig?
Ist die Quelle verifiziert?
Ist die Quelle neutral?
Account:
- Alter
- Zahl der Follower
- Anzahl Posts
- Art / Tendenz der Posts
- ggf. direkt rückfragen

<u>"Lies gründlich"</u>
Ist der Inhalt plausibel?
Ist die Überschrift irreführend?
Was besagt der Text?

"Überprüfe den Autor"
Gibt es den Autor real?
Ist er vertrauenswürdig?
Ist er neutral oder tendiert er in eine weltanschauliche oder politische
Richtung?

"Prüfe die Quellen"
Funktionieren die Links?
Unterstützen sie die Aussage?

"Überprüfe das Datum"
Ist der Post / Artikel aktuell?
Passen Datum und Uhrzeit?

"Ist es Satire?"
Ist der Inhalt zu unglaublich, um wahr zu sein?
Ist die Quelle eine seriöse und keine Humorseite?

"Überprüfe deine Voreingenommenheit"
Bin ich womöglich voreingenommen?
Wider- oder entspricht der Post meiner eigenen Meinung?
Beeinflusst das meine Beurteilung?

"Frage einen Experten"
Nutze eine Seite mit Fachinformationen.
Frag jemanden, der sich damit auskennt.
Nutze eine "Fact Checking" Seite.

Foto / Video:
Ist der Inhalt plausibel?
Sind in der Umgebung prägnante Gebäude / Landschaftsteile?
Passen Schatten zur Tageszeit?
Passen die EXIF Daten?

Checkliste Umgang mit Kommentaren

WARTEN-Prinzip

W ERTSCHÄTZUNG
A nalyse des Problems
R uhe bewahren
T rolle identifizieren
E rnsthaft bleiben (kein Spott o.ä.)
N ervige Typen sperren

Formular Quellenbewertung

URL	Facebook	Twitter	Instagram	sonstige	Glaubwürdigkeit
					1
					2
					3

Formular Monitoring

Uhrzeit	Inhalt	Link (URL)	Ortsangabe (optional, möglichst genau)	Kurze Beschreibung	gefunden von	Kriterium	Verifiziert ?	Bewertung (durch Verbinder)

Abkürzungen und Fachbegriffe

Account	Ein Profil bei einem Sozialen Netzwerk (wörtlich übersetzt: Konto)
ARC	American Red Cross
ASB	Arbeiter Samariter Bund
BOS	Behörden und Organisationen mit Sicherheitsaufgaben
Crisis Mappers	Zusammenschluss von Menschen, die an (Lage-)Karten online arbeiten
Crowdmap	Lagekarte, die mit Hilfe der Öffentlichkeit (= Crowd) erstellt wird
Crowdsourcing	Das Zusammensuchen von Daten aus dem Internet durch viele User
DHN	Digital Humanitarian Network
DLRG	Deutsche Lebensrettungsgesellschaft
DRK	Deutsches Rotes Kreuz
DV100	"Dienstvorschrift 100 - Führen und Leiten im Einsatz"
EU	Europäische Union
FEMA	Federal Emergency Management Agency (USA)
Follower	Menschen, die einem Twitteraccount folgen.
GDACS	Global Disaster Alert and Coordination System
GIS	Geographische Informationssysteme
GW	Gerätewagen

Hashtag	„#" einem Begriff oder einer Abkürzung vorangestellt
Hoax	Falschmeldung
JUH	Johanniter Unfallhilfe
LAFD	Los Angeles Fire Department
Mapping	Erstellen einer Lagekarte
MHD	Malteser Hilfsdienst
Monitoring	Hier: Gezieltes Beobachten von relevanten Vorgängen und Posts im Internet.
NEMA	National Emergency Management Association
OSOCC	On Site Operation Command Center
Post	Ein Beitrag auf Facebook oder einem Blog.
posten	Einen Beitrag veröffentlichen.
Rumor Control	"Gerüchtekontrolle" - zu diesem Zweck publizierte Seite der FEMA
SBTF	Standby Task Force
Scam	Betrügerische Falschmeldung
Shitstorm	Viel heftige Kritik auf eine Aussage / einen Post hin
SMEM	Social Media in Emergency Management
SWB	Statistics Without Borders
THW	Technisches Hilfswerk
Thread	Eine Aneinanderreihung von Tweets bzw. Posts.
Timeline	Die Beiträge, die ein Nutzer aufgrund des jeweiligen Algorithmus zu sehen bekommt.
Tweet	Kurznachricht auf Twitter
TWOB	Translators without Borders
UNO	United Nations Organisation
UN OCHA	United Nations Office for the Coordination of Humanitarian Affairs
User	Nutzer
VOST	Virtual Operations Support Team
WHO	World Health Organisation (Weltgesundheitsorganisation)
WOA	Wacken Open Air

Links und Literatur

Vorwort:

Facebook: https://www.facebook.com/
Twitter: https://twitter.com/
American Red Cross: https://www.redcross.org/
CrisisCommons: https://crisiscommons.org/
Tweak the Tweet:
http://faculty.washington.edu/kstarbi/tweak-the-tweet.html
FEMA: https://www.fema.gov/
HumanityRoad: https://www.humanityroad.org/
HumanityRoad Video:
https://www.youtube.com/watch?v=DfiFL1tqBR4
LAFD: https://www.lafd.org/
Blog:
https://digitaleeinsatzunterstuetzung.blogspot.com/

Digitale Einsatzunterstützung ist richtig und wichtig!

Instagram: https://www.instagram.com/
YouTube: https://www.youtube.com/

Digitale Freiwillige

Umfrage ARC:
https://www.redcross.org/content/dam/redcross/atg/PDFs/Testimony/2013-Social-Media-Hearing-DeFrancis.pdf

Umfrage Deutschland:
https://peasec.de/wp-content/uploads/2017/10/Infografik-SocialMediaInACrisis-DE.jpg

Facebokgruppe: Moorbrand - wir helfen!
https://www.facebook.com/groups/2155436591345012/

Ein digitales Team zusammenstellen:

NEMA: https://www.nemaweb.org/index.php
NZVOST: https://twitter.com/NZVOST
VOSTde: https://www.facebook.com/VOSTde/
VOSTbw: https://www.facebook.com/vostbw/
VOSTeu: https://www.vosteurope.eu/
VOSG: https://vosg.us/
Operation BBQ Relief: http://www.operationbbqrelief.org/

Kommunikation und Alarmierung

WhatsApp: https://www.whatsapp.com/
Telegram: https://telegram.org/
Signal: https://signal.org/
Threema: https://threema.ch/de
Skype: https://www.skype.com/de/
Google Hangouts: https://hangouts.google.com/
Discord: https://discordapp.com/
Slack: https://slack.com/intl/de-de/

Monitoring

<u>Geeignete Social Media Plattformen</u>

Twitter: https://twitter.com/
Facebook: https://www.facebook.com/
YouTube: https://www.youtube.com/
Google: https://www.google.de/
Google Alerts: https://www.google.de/alerts
Talkwalker Alerts: https://www.talkwalker.com/de/alerts
Reddit: https://www.reddit.com/
Periscope: https://www.pscp.tv/
Instagram: https://www.instagram.com/?hl=de
Pinterest: https://www.pinterest.de/

<u>Monitoringhilfen</u>

Tweetdeck: https://tweetdeck.twitter.com/
Hootsuite: https://hootsuite.com/

Monitoring Matcher   https://www.monitoringmatcher.de/

Mapping

Ushahidi: https://www.ushahidi.com/
Crowdmap: https://crowdmap.com/
Google MyMap: https://www.google.com/mymaps
HOTOSM: https://www.hotosm.org/
Wikimapia: http://wikimapia.org/

Umgang mit "Fake News"

München:
http://www.spiegel.de/kultur/kino/amoklauf-von-muenchen-wie-die-terrorangst-entstand-dokumentation-a-1218229.html
Der Postillon: https://www.der-postillon.com/
"Tigerausbruch" London:
http://www.theguardian.com/uk/interactive/2011/dec/07/london-riots-twitter

Verifizierung

<u>Generelles</u>

Verification Handbook:
    http://www.verificationhandbook.com
European Journalism Center: https://ejc.net/

<u>Verifizierung</u>

Bellingcat: https://www.bellingcat.com/
Bellingcat Toolseite:
https://docs.google.com/document/d/1BfLPJpRtyq4RFtHJoNpvWQj
mGnyVkfE2HYolCKOGguA/edit#

Mimikama.at   https://www.mimikama.at/
Hoax-Seite TU Berlin   http://hoax-info.tubit.tu-
berlin.de/hoax/
Facecrooks: http://facecrooks.com/
Pipl: https://pipl.com/
Waybackmachine   https://archive.org/web/

<u>Fotos</u>

Google Bildersuche:
    https://www.google.com/imghp?hl=de
Tineye   https://www.tineye.com/
Fotoforensics   http://fotoforensics.com/
EXIF Viewer:
https://chrome.google.com/webstore/detail/exif-
viewer/mmbhfeiddhndihdjeganjggkmjapkffm?hl=de&utm_source=ch
rome-ntp-launcher
Deutscher Wetterdienst: https://www.dwd.de/
Kachelmannwetter: https://kachelmannwetter.com/
sonnenverlauf.de: https://www.sonnenverlauf.de/

<u>Videos</u>

YouTube DataViewer:
      https://citizenevidence.amnestyusa.org/
InVID: https://www.invid-project.eu/
Check: https://checkmedia.org/

Gegensteuern

Rumor Control Harvey:
https://www.fema.gov/disaster/4332/updates/rumor-control
Rumor Control Florence: https://www.fema.gov/florence-rumors

Hilfe, die Spontanhelfer!

Österreichisches Rotes Kreuz: https://www.roteskreuz.at/home/
Team Österreich: https://oe3.orf.at/teamoesterreich
Team Westfalen:
https://www.drk-westfalen.de/aktuell/projekte/team-westfalen.html
Team Bayern: http://www.teambayern.info/
Team MV: https://team-mv.info/

Trolle - Füttern verboten!

Bundesregierung auf Facebook:
https://www.facebook.com/Bundesregierung/

Münchner Freiwillige:
https://www.muenchner-freiwillige.de/

Ratschläge vom Profi

Profil Mary Jo Flynn   https://twitter.com/MaryJoFly
Thread:
      https://twitter.com/MaryJoFly/status/1029086437965066240

Blick über den Tellerrand: Internationale Zusammenarbeit

Digital Humanitarian Network: http://digitalhumanitarians.com/
Virtual OSOCC: https://vosocc.unocha.org/

Literatur:

Jan Müller-Tischer – **Handbuch Social Media im Einsatz**, Amazon
ISBN: 978-1-980-28387-4

Stefan Evertz – **Analysiere das Web**, Haufe
ISBN: 978-3-648-10404-0

9 781730 887017